Nördlich der Elbe

Südlich der Elbe

Wanderweg in der Lüneburger Heide

Hamburg

Alle Informationen, schriftlich und zeichnerisch, wurden nach bestem Wissen zusammengestellt und überprüft. Sie waren korrekt zum Zeitpunkt der Recherche. Eine Garantie für den Inhalt, z.B. die immerwährende Richtigkeit von Preisen, Adressen, Telefon- und Faxnummern sowie Internetadressen, Zeit- und sonstigen Angaben, kann naturgemäß von Verlag und Autoren - auch im Sinne der Produkthaftung - nicht übernommen werden. Die Autoren und der Verlag sind für Lesertipps und Verbesserungen (besonders per E-Mail) unter Angabe der Auflagen- und Seitennummer dankbar.

Dieses OutdoorHandbuch hat 158 Seiten mit 70 farbigen Abbildungen sowie 24 farbigen Kartenskizzen, 5 farbigen Höhenprofilen und einer farbigen Übersichtskarte. Es wurde auf chlorfrei gebleichtem Papier gedruckt, in Deutschland klimaneutral hergestellt und transportiert (die Zertifikatnummer finden Sie auf unserer Internetseite) und wegen der größeren Strapazierfähigkeit mit PUR-Kleber gebunden.

Dieses Buch ist im Buchhandel und in Outdoor-Läden erhältlich und kann im Internet oder direkt beim Verlag bestellt werden.

Titelfoto: Blick von Steinwerder auf Michel und Landungsbrücken

OutdoorHandbuch aus der Reihe „Regional", Band 337

ISBN 978-3-86686-437-5   1. Auflage 2014

© Basiswissen für draussen, Der Weg ist das Ziel und FernwehSchmöker sind urheberrechtlich geschützte Reihennamen für Bücher des Conrad Stein Verlags

Dieses OutdoorHandbuch wurde konzipiert und redaktionell erstellt vom Conrad Stein Verlag GmbH, Kiefernstraße 6, 59514 Welver, ☎ 023 84/96 39 12, FAX 023 84/96 39 13, ✉ info@conrad-stein-verlag.de, 🖥 www.conrad-stein-verlag.de

f Werden Sie unser Fan: 🖥 www.facebook.com/outdoorverlage

Text und Fotos: Hartmut und Friederike Engel
Karten: Annalena Hunke
Lektorat: Amrei Risse
Layout: Manuela Dastig

Gesamtherstellung: AZ Druck und Datentechnik GmbH, Kempten

Inhalt

Einleitung

Hamburg, Tor zur Welt und zweitgrößte Stadt Deutschlands, hat viel mehr zu bieten als Hafen, Reeperbahn, Theater und Musicals. Hamburg ist auch und vor allem eine grüne Stadt, in der es noch viel Natur und Landschaft zu entdecken gibt. Zusammen mit dem Umland im Süden (Niedersachsen) und Norden (Schleswig-Holstein) bietet die Metropolregion für den, der die Landschaft auf eigenen Füßen erkunden will, ausgesprochen gute Bedingungen und vielfältige Möglichkeiten.

Hamburg ist eine sehr alte Stadt mit einer interessanten Geschichte. Schon im 8. Jh. wurde die Hammaburg, der die Stadt ihren Namen verdankt, erbaut. Im 14. Jh. stieg die Stadt zum bedeutendsten Mitglied der Hanse auf. Da die Bierexporte zunahmen, war Hamburg bald als „Brauhaus der Hanse" bekannt. Klaus Störtebeker, einer der berühmtesten Seeräuber und Anführer der Vitalienbrüder, wurde 1401 in Hamburg hingerichtet. Noch heute gibt es in der Stadt zahlreiche Straßen, die nach ihm und seinen Kumpanen benannt sind.

Mit dem Bau der Speicherstadt Ende des 19. Jh. und dem Ausbau des Hafens passte sich Hamburg an die Zunahme der Seeschifffahrt und des Welthandels an. 1888 wurde der Freihafen eröffnet und machte die Stadt zu einem der weltgrößten Lager für unterschiedlichste Waren wie Kaffee, Kakao, Tee, Gewürze und Teppiche. Heute ist der Hafen der zweitgrößte in Europa und für die Hamburger immer noch „das Tor zur Welt".

Ihre heutigen Grenzen erhielt die Freie und Hansestadt Hamburg erst 1937 mit dem Groß-Hamburg-Gesetz, als 30 Randgemeinden eingegliedert wurden, darunter Altona, Wandsbek, und Harburg. Heute leben rund 1,7 Mio. Menschen in der Hansestadt, Tendenz steigend.

Mit jährlich mehr als 5 Mio. Gästen und über 10 Mio. Übernachtungen ist Hamburg eines der beliebtesten Touristenziele Deutschlands, das eine Vielzahl attraktiver Angebote bietet.

So ist die Stadt nach New York und London drittgrößter Musical-Standort der Welt. Die Staatsoper mit einem der weltbesten Ballett-

Ensembles, kleine und große Musikclubs jeder Richtung sowie zahlreiche Theater und Museen und der weltberühmte Tierpark Hagenbeck runden das kulturelle Angebot ab. Wer lange Nächte in Clubs und Kneipen verbringen möchte, der sollte die Reeperbahn oder das Schanzenviertel besuchen. Bei Touristen wie Einheimischen sehr beliebt sind der Hafengeburtstag, das Alstervergnügen und der Dom.

Das Stadtbild wird von den Türmen der fünf Hauptkirchen St. Petri, St. Jacobi, St. Katharinen, St. Michaelis (der Michel, eines der Wahrzeichen Hamburgs) und St. Nikolai geprägt. Zu den schönsten Gebäuden zählt das im Stil der norddeutschen Renaissance erbaute Rathaus. Auch der Hafen ist ein beliebtes Ausflugsziel und lockt mit seinen Hafenrundfahrten zahlreiche Besucher an. Einmalig ist die mitten in der Stadt zu einem See aufgestaute Alster, deren Südteil (Binnenalster) von gründerzeitlichen Büro- und Geschäftshäuser umschlossen wird, weißen Fassadenbauten mit kupfergedeckten Dächern.

Hamburgs Landschaft ist durch zwei gegensätzliche Landschaftsformen geprägt: Marsch und Geest. Die Marsch ist das tief liegende, äußerst fruchtbare Schwemmland des Urstromtales der Elbe, das erst nach der letzten Eiszeit entstanden ist. Nördlich und südlich der Marsch, mehr oder weniger weit von der Elbe entfernt, erhebt sich die hügelige Geest mit ihren nährstoffarmen Böden, die durch Sand- und Geröllablagerungen während der letzten Eiszeit entstanden ist.

Ausgedehnte Marschen, die teilweise intensiv landwirtschaftlich genutzt werden, gibt es z.B. noch im Alten Land, in Wilhelmsburg und in den Vier- und Marschlanden. Typische Geestlandschaften mit ausgedehnten Heideflächen, Laub- und Nadelwäldern in und um Hamburg sind z.B. die Lüneburger Heide, die Harburger Berge und der Geesthang zwischen Wedel, Altona und Hamburg-Neustadt.

Hamburg ist eine sehr grüne Stadt mit vielen verschiedenen Landschaftstypen. Mehr als 8 % der Landesfläche sind derzeit Naturschutzgebiete, ein Wert, den kein anderes Bundesland auch nur annähernd erreicht. Insgesamt gibt es 32 Naturschutzgebiete, die vielen Pflanzen- und Tierarten, darunter seltene und vom Aussterben bedrohte Spezies, einen Lebensraum bieten.

Wandern in Hamburg ist grundsätzlich zu jeder Jahreszeit möglich. Die Stadt liegt in der warmgemäßigten atlantischen Klimazone und hat generell relativ milde Winter und etwas kühlere Sommer. Das sprichwörtliche „Hamburger Schmuddelwetter" gibt es zwar, es ist aber keineswegs vorherrschend. Und überrascht stellt man fest, dass Hamburg mit etwa 770 mm Niederschlag im Jahr deutlich unter dem Wert von München liegt, das es auf immerhin 967 mm bringt. Und auch bei den Regentagen kann München gegenüber Hamburg nicht punkten: Beide bringen es auf 129 Regentage im Jahr.

Die Touren in diesem Buch führen an der Elbe entlang, durch die geschäftige City und den Hafen, zu einsamen Mooren, idyllischen Quellteichen, verwunschenen Wäldern und weiten Heiden. Aber auch zu Städten wie der alten Hansestadt Stade, die einst mächtiger als Hamburg war, oder Buxtehude, wo die Hunde bekanntlich mit dem Schwanz bellen und im Wettlauf zwischen Hase und Igel der Igel gewann. Sie verlaufen natürlich auch durch die beliebtesten Ausflugsgebiete wie z.B. Wohldorfer Wald, Duvenstedter Brook, Harburger Berge, Lüneburger Heide und Altes Land.

Reise-Infos

Rast für Mensch und Hund bei Sottorf (Tour 13)

Anreise

Die Anreise nach Hamburg gestaltet sich sehr einfach. Sie haben alle
Möglichkeiten: Pkw, Fernbus, Bahn und Flugzeug. Reisende aus anderen Ländern kommen auch gern mit einem Kreuzfahrtschiff.

Mit dem Pkw erreichen Sie Hamburg über die Autobahnen A7 (von
Süden und Norden), A1 (von Westen) und A24 (aus dem Osten). Auch
an das neue Fernreisebusnetz ist die Hansestadt angeschlossen. Die
Busse halten mitten in der City am ZOB, direkt neben dem Hauptbahnhof. In der Regel sind die Fernbusse die preisgünstigste Variante.

Bahnreisende können bis in die Innenstadt zum Hauptbahnhof fahren und auch der Flughafen Hamburg gehört zu den wenigen Groß-
stadt-Airports, die relativ zentrumsnah liegen. Vom Terminal erreichen
Sie die City (Hauptbahnhof) in etwa 20 Min.

- ℹ️   🚌 z.B. 💻 www.fernbusse.de
- ℹ️   🚍 z.B. 💻 www.bahn.de
- ℹ️   ✈️ z.B. 💻 www.ham.airport.de

Information

Ausführliche Informationen zu sämtlichen touristischen Belangen
erhalten Sie vom offiziellen Tourismusverband **Hamburg Tourism**.
Dort können Sie auch Eintrittskarten bestellen und Unterkünfte
buchen.

- ℹ️   Hamburg Tourism, ☎ 040/30 05 17 01 (Mo bis Sa 9:00-17:00),
        💻 www.hamburg-tourism.de

Darüber hinaus unterhält Hamburg Tourism folgende Büros:

- ◆   Hauptbahnhof: Ausgang Kirchenallee, 🕐 Mo bis Sa 9:00-19:00, So und Fei
        10:00-18:00
- ◆   am Hafen: St. Pauli Landungsbrücken, zwischen Brücke 4 und 5, 🕐 So bis Mi
        9:00-18:00, Do bis Sa 9:00-19:00
- ◆   Airport Office: Airport Plaza, zwischen Terminal 1 und 2, 🕐 täglich 6:00-23:00

Unterkünfte

Hamburg bietet eine Vielzahl von Unterkünften sämtlicher Kategorien von Campingplätzen, Jugendherbergen, einfachen Pensionen und Hotels bis hin zu Luxusherbergen. Online buchen können Sie z.B. auf den Internetseiten von Hamburg Tourism, ☞ oben.

Verkehrsmittel

Alle Ausgangs- und Endpunkte der Wanderungen in diesem Führer sind ausnahmslos mit Bussen, Zügen, S- und U-Bahnen sowie Hafenfähren der im HVV (Hamburger Verkehrsverbund) zusammengeschlossenen Verkehrsbetriebe zu erreichen.

◆   HVV, ☎ 040/194 49, 🖥 www.hvv.de

☺   Auch wenn Sie mit dem Auto angereist sind, empfiehlt es sich, in Hamburg selbst den ÖPNV zu nutzen, da Parkplätze oft nur zeitlich begrenzt verfügbar oder sehr teuer sind.

🚲   Eine interessante Möglichkeit, sich in Hamburg fortzubewegen, bietet **StadtRAD Hamburg**. An vielen Leihstationen können Sie rund um die Uhr ein Fahrrad ausleihen und wieder abgeben.

🖥   stadtrad.hamburg.de

Wanderkarten und GPS

Sehr gute Wanderkarten liefert der Verlag Carl H. Brütt, der sich auf Hamburg und Umgebung spezialisiert hat. Hier finden Sie Karten im Maßstab von 1:20.000 bis 1:80.000 für jede Wanderregion in Hamburg und Umgebung. Die insgesamt 14 lieferbaren Karten (nicht alle gleich aktuell) kosten jeweils € 7,80.

📖   Wanderkarten aus dem Verlag Carl H. Brütt, ☎ 040/86 97 38,
         🖥 www.bruett-verlag.de, ✉ info@bruett-verlag.de.

Brauchbar und vor allem als Übersicht gut geeignet ist das Karten-set „Hamburg und Umgebung" aus dem Kompass-Verlag (zwei dop-pelseitig bedruckte Kartenblätter). Allerdings sollte man von Wander-karten im Maßstab 1:50.000 nicht allzu viel erwarten, vor allem nicht in einer Großstadt mit enger Bebauung und dichtem Straßennetz. Seine Stärke spielt dieses Kartenset dann auch vor allem im Umland aus.

📖   Hamburg und Umgebung, Kompass-Karten-Set, ISBN 978-3850362040, € 10

GPS-Tracks zu den in diesem Buch beschriebenen Touren können Sie hier herunterladen:

💻 http://gps.conrad-stein-verlag.de/337Hamburg01kl00.zip

Updates

Der Conrad Stein Verlag veröffentlicht Updates zu diesem Buch, die direkt vom Autor oder von Lesern dieses Buches stammen.

Bitte suchen Sie vor Ihrer Abreise auf der Ver-lags-Homepage 💻 www.conrad-stein-verlag.de die-sen Titel. Unter dem Link „mehr lesen" finden Sie alle wichtigen Informationen. Der links abgebildete QR-Code führt Sie direkt zu der richtigen Seite.

Nördlich der Elbe

Spiegelglattes Alsterwasser

❶ Wohldorfer Wald und Duvenstedter Brook   ᛉ ✕ ⚒ WC ⌘

Tour für Naturliebhaber   👪👪 👪👪 🛒

Die einfache Rundtour verläuft durch den Wohldorfer Wald, Hamburgs größten zusammenhängenden Laubwald mit über 200 Jahre alten Buchen und Eichen, und durch den sumpfigen, von zahlreichen Feuchtgebieten durchzogenen Duvenstedter Brook, beides Naturschutzgebiete. Besonders für Naturliebhaber ist die Wanderung interessant, hat man doch die Chance, Hirsch, Kranich, Seeadler, Schwarzspecht, Eisvogel und viele andere Tiere zu beobachten und seltene Pflanzen, wie verschiedene Orchideen oder die Sumpfschwertlilie, zu sehen. Zahlreiche Informationstafeln entlang des Weges vermitteln Wissenswertes aus verschiedenen Sachgebieten.

↻	Start/Ziel: U-Bahnhof Ohlstedt, GPS N 53°41.704' E 010°08.219'
➲	14,1 km
⧗	3 Std. 30 Min.
↑↓	50 m/50 m, auf der gesamten Strecke keine nennenswerten Steigungen
⇧	20-40 m
✎	z.T. gelbe Richtungspfeile an Bäumen, im ersten Teil gelegentlich mit einem „Fr" für Bahnhof Friedrichsgabe, im zweiten Teil mit „OH" für Ohlstedt
ᛉ	zahlreiche Bänke entlang des Weges, die schönsten Rastplätze sind: Rastplatz Naturklänge-Lauschecke (km 1,4), Rastplatz am Naturschutz-Informationshaus (km 2,9), Rastplatz Stehhörnwiesen (km 6,8), Rastplatz Betriebshof Revierförsterei (km 9), Rastplatz an der Röthbek (km 10,2)
✕	Gasthaus Zum Bäcker (km 2), Landhaus Ohlstedt (km 14)
WC	im Naturschutz-Informationshaus (km 2,9)
👪	Die Tour ist auch für Familien mit Kindern gut geeignet. Besonders im ersten Teil können die vielen Naturerlebnisstationen des historisch-ökologischen Erlebnispfades und der Bodenlehrpfad Interesse wecken.
🛒	Für Buggys sind einige Abschnitte im Duvenstedter Brook (schmale Pfade) ungeeignet.
🐕	Das Mitnehmen von Hunden ist auf einigen Abschnitten gänzlich verboten.

 U-Bahn-Linie U1 am Start/Ziel

Buslinien 176 und 276 (zur S-Bahn Poppenbüttel) am Start/Ziel

P Wer mit dem Pkw anreisen will, findet unmittelbar am Bahnhof einen Park&Ride-Platz, der an Werktagen allerdings oft belegt ist. Parken können Sie auch an der Straße Kupferredder, die Sie kurz nach dem Start der Wanderung erreichen. Eine weitere Parkmöglichkeit besteht am Naturschutz-Informationshaus.

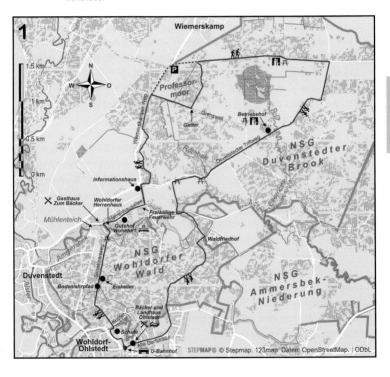

Sie verlassen den Bahnhof und gehen links unter den Gleisen hindurch. Gleich hinter der Unterführung gehen Sie rechts auf den Wanderweg, der noch vor dem Parkplatz verläuft. Kurz darauf kommen Sie

an den Hintereingang einer Schule. An Schultagen können Sie über das Schulgelände gehen, ansonsten gehen Sie hier links und folgen den gelben Richtungspfeilen.

Am Ende des Weges stoßen Sie auf die mit Kopfsteinen gepflasterte Straße Kupferredder (Parkmöglichkeit), gehen rechts und etwa 50 m weiter links. Hier treffen Sie bereits auf die erste Naturerlebnisstation, eine Wackelbrücke, die vermitteln soll, wie sich ein Eichhörnchen auf einem schwankenden Ast fühlt.

Durch schönen Laubwald wandern Sie bis zu einer Multikreuzung. Dort gehen Sie rechts (👆 nicht scharf rechts) in den Senatorenweg. Kurz darauf stoßen Sie an einen Barfußparcours, überqueren einen Bach und gelangen dahinter an den Bodenlehrpfad.

Nächstes markantes Ziel ist eine Erhebung, der sogenannte Eiskeller, mit einem Denkmal für die Opfer des Ersten Weltkrieges auf der rechten Seite des Weges.

⌘ Eiskeller

Dieser unscheinbare Hügel markiert den höchsten Punkt im Wohldorfer Wald. Er wurde früher als Kühl- und Lagerraum des Wohldorfer Herrenhauses genutzt. Im Winter wurde Eis in sein Inneres gebracht, das dann bis weit in den Sommer hinein für kühle Temperaturen im Eiskeller sorgte.

Sie folgen weiter dem Senatorenweg und kommen an die Naturklänge-Lauschecke. Dort bietet sich ein schöner Rastplatz mit Holzbänken und -tischen für eine Pause an. Dahinter überqueren Sie auf einer Brücke, von der Sie einen besonders schönen Ausblick haben, den Mühlenteich und gehen am Ende des Weges links. Hier passieren Sie das Wohldorfer Herrenhaus.

⌘ Wohldorfer Herrenhaus

Mitte des 15. Jh. erwarb Hamburg die Walddörfer. Um den Besitz zu verwalten, wurden sogenannte Waldherren eingesetzt, die ihre Amtsgeschäfte bis zum Ende der Waldherrschaft im Jahre 1830 im Herrenhaus erledigten. Danach nutzten es Hamburger Bürgermeister und Senatoren, die hier ihre Ferien verbrachten. Das schöne Fachwerkgebäude, das auf einer kleinen Insel liegt, wurde Anfang des 18. Jh. errichtet. Es befindet sich heute in Privatbesitz.

Herrenhaus in Wohldorf

Zum Herrenhaus gehörten auch die auf der gegenüberliegenden Seite der Herrenhausallee liegenden Gebäude, wo die Bediensteten wohnten und Ställe eingerichtet waren. Bereits seit 1792 wurde eine Bäckerei betrieben und wenig später eine Gastwirtschaft eröffnet. Noch heute befinden sich dort ein Gasthaus und eine Bäckerei.

✗ Gasthaus Zum Bäcker, Herrenhausallee 9, 22397 Hamburg, ☎ 040/60 76 53 97, 🖳 www.zum-baecker.de, 🕓 Di bis So 12:00-22:00, Fr und Sa bis 23:00

An der Herrenhausallee gehen Sie rechts. Links liegt das Gasthaus Zum Bäcker mit der angeschlossenen Bäckerei. Sie wandern vorbei am Gutshof Wohldorf, der von den heutigen Pächtern als Biohof geführt wird. Im Hofladen (🕓 täglich 7:00-20:00 in Selbstbedienung) können Sie Milch und Molkereiprodukte in Biolandqualität erwerben.

Kurz hinter dem Feuerwehrhaus der Freiwilligen Feuerwehr Wohldorf biegen Sie links auf den Weberstieg ab, der Sie bis zum Naturschutz-Informationshaus Duvenstedter Brook bringt.

Eingang ins Naturschutzgebiet

NSG Duvenstedter Brook

Das Naturschutzgebiet Duvenstedter Brook ist mit seiner 785 ha großen Fläche das drittgrößte Naturschutzgebiet Hamburgs. Es wurde im
Jahre 1958 unter Schutz gestellt. Der Duvenstedter Brook entstand
schon vor etwa 12.000 Jahren, nach der letzten Eiszeit, als sich dort
durch die abtauenden Gletscher ein Eisstausee bildete. Dieser ist dann
später verlandet.

Durch die jahrhundertelange Nutzung des Gebiets durch Menschen
entstand ein Mosaik aus unterschiedlichsten Lebensräumen, das auch
heute noch größtenteils erhalten ist. Über 600 Pflanzenarten bieten
Nahrung und Schutz für die zahlreichen Insekten, Amphibien, Repti-
lien, Säugetiere und Vögel.

Das Rotwild wurde übrigens erst in den 1930er-Jahren in dem
Gebiet angesiedelt und zu privaten Jagdzwecken gezüchtet. Inzwi-

schen beherbergt der Duvenstedter Brook die größten Hirsche Norddeutschlands. Ende der 1970er-Jahre wurden die Moorflächen wieder vernässt, was dazu führte, dass kurze Zeit später die ersten Kraniche zum Brüten in das Gebiet zurückkehrten.

ℹ️ Naturschutz-Informationshaus Duvenstedter Brook, Duvenstedter Triftweg 140, 22397 Hamburg, ☎ 040/607 24 66, 🕐 Feb, März, Nov: Sa 12:00-16:00, So und Fei 10:00-16:00, April bis Okt: Di bis Fr 14:00-17:00, Sa 12:00-18:00, So und Fei 10:00-18:00

Vom Informationshaus wandern Sie auf der einspurigen Asphaltstraße in östlicher Richtung in den Wald und biegen gut 100 m weiter unmittelbar vor einem Teich links auf einen Pfad ab. Durch einen schönen Wald wandern Sie bis zum Wiemerskamper Weg, gehen dort rechts und biegen etwa 500 m weiter rechts in das Professormoor ab. Ein Drehkreuz soll Fahrradfahrern den Weg versperren.

✋ Der Weg ist wegen der Brutzeit der Kraniche von Anfang März bis Ende Juli ganztägig gesperrt, wegen der Brunftzeit der Hirsche von Anfang September bis Ende Oktober von 16:00 bis 8:00. Folgen Sie in dieser Zeit weiter dem Wiemerskamper Weg. Nach 500 m erreichen Sie einen Parkplatz, hinter dem Sie in das NSG gelangen. 400 m weiter stoßen Sie dann wieder auf den hier beschriebenen Wanderweg.

Der Pfad führt durch ein wunderschönes Moorgebiet. Er endet an einem Gatter. Etwas rechts versetzt verläuft der sogenannte Grenzwall. Sie gehen hier aber nach links. Der Weg schlängelt sich durch einen schönen, naturbelassenen Birkenwald und endet an einem Drehkreuz, wo Sie auf eine Forststraße treffen. Sie gehen nach rechts und stoßen nach etwas mehr als 1 km an einen schönen Rastplatz mit gutem Blick nach Süden über die Stehhörnwiesen. Informationstafeln klären über einige hier zu beobachtende Tierarten auf.

Sie folgen dem Weg weiter in östlicher Richtung vorbei an einigen Gewässern bis zu einer Kreuzung. Dort gehen Sie rechts und folgen dem gelben, mit „OH" gekennzeichneten Richtungspfeil. Die schöne, von Eichen gesäumte Allee führt zu einem sehenswerten Ensemble aus Reetdachhäusern, die Revierförsterei Duvenstedter Brook. Sie gehen dahinter rechts in den Duvenstedter Triftweg. Auf dem nun folgenden Wegabschnitt gibt es einige hervorragende Beobachtungsplätze. Den allerbesten finden Sie am Betriebshof der Revierförsterei, einem roten Backsteingebäude. Hier gibt es einen geschlossenen Beobachtungsstand, von dem aus u.a. Eisvögel zu sehen sind, und einen wunderbaren Rastplatz mit einem Insektenhotel an einem Teich. Bänke und Tische aus Holz laden zur Rast ein.

Sie folgen weiter dem Weg, der nach einiger Zeit asphaltiert ist. Hier können Sie etwas links parallel zur Straße auf einem Pfad weiterwandern. Sie überqueren die Röthbek und finden gleich dahinter erneut einen schönen Rastplatz. Sie gehen auf dem Pfad weiter, passieren erneut einen Rastplatz mit Tisch und Bank und gelangen etwa 100 m weiter an eine Abzweigung nach links, die Sie nehmen.

Stauwehr an der Ammersbek

Der Weg führt in einen Wald und bis zur Ammersbek, die hier durch ein Wehr zu einem kleinen Teich aufgestaut ist. Dort treffen Sie auf eine Asphaltstraße, wo Sie das NSG Duvenstedter Brook verlassen. Sie gehen nach links, verlassen die Straße aber schon nach weniger als 100 m wieder nach rechts in den Wald hinein. Hier betreten Sie das NSG Wohldorfer Wald.

Pause im Duvenstedter Brook

NSG Wohldorfer Wald

Das Naturschutzgebiet Wohldorfer Wald liegt direkt südlich vom Duvenstedter Brook und bildet mit diesem sowie mit dem Klein Hannsdorfer Brook und der Hunauniederung eine 1.500 ha große landschaftsräumliche Einheit, welche zugleich eine der größten Naturschutzgebietskomplexe im Hamburger Raum ist. Das Gebiet steht seit 1980 unter Naturschutz, erst im Jahre 2013 wurde das Schutzgebiet von 134 auf 278 ha vergrößert. Der Wohldorfer Wald wird oft als Hamburgs bedeutendster Wald bezeichnet, da es sich bei ihm um den größten zusammenhängenden Laubwald in Hamburg handelt und er schon seit Mitte des 15. Jh. im Besitz der Stadt ist. In ihm stehen u.a. Buchen und Eichen, die mehr als 200 Jahre alt sind. Viele Tierarten leben in den verschiedenen Waldformen, die das Gebiet aufweist. So ist das NSG zum Beispiel auch Wohnort unserer größten heimischen Eule, des Uhus.

An der nächsten Gabelung halten Sie sich rechts und gelangen am Ende des Weges an den Waldfriedhof Wohldorf. Hier gehen Sie ebenfalls rechts. Sie können nun den gelben Richtungspfeilen durch den Wald folgen, bis der Weg an einer Barriere auf eine Asphaltstraße stößt und Sie in ein Wohngebiet kommen. Sie folgen der Straße, bis Sie auf die Alte Dorfstraße stoßen und rechts gehen. Vorbei an der Friedenseiche, einem Bäcker (🕓 Mo bis Fr 7:00-13:00 und 14:30-18:00, Sa 7:00-12:00 und So 8:00-11:30) und dem Landhaus Ohlstedt erreichen Sie den Ausgangspunkt der Wanderung am U-Bahnhof Ohlstedt.

✗   Hotel Restaurant Landhaus Ohlstedt, Alte Dorfstraße 5, 22397 Hamburg, ☎ 040/60 75 67 00, 🖳 www.landhaus-ohlstedt.de, 🕓 täglich 8:00-22:00. Das Anwesen wurde erstmals 1784 als Postkutschenstation eröffnet.

❷ Alsterwanderweg I   ⊼ ✕ ⌘

Tour für Naturliebhaber   👪 🚲 🐕

Der Alsterwanderweg gehört zu den schönsten Wanderwegen Hamburgs. Er ist in weiten Teilen identisch mit dem Jakobsweg Via Baltica. Der Weg führt vom Oberlauf der Alster in Schleswig-Holstein bis zur Mündung des Flusses in die Elbe nahe den Landungsbrücken auf St. Pauli. Er lässt sich gut in drei einzelne Etappen unterteilen. Der hier beschriebene nördliche Teil verläuft zu großen Teilen auf ehemaligen Treidelpfaden in unmittelbarer Ufernähe durch eine urwüchsige Landschaft und endet in Poppenbüttel im nordwestlichen Teil der Hansestadt.

→   Start: Bushaltestelle Kayhude Heidkrug, GPS N 53°44.993' E 010°07.593';
    Ziel: S-Bahnhof Poppenbüttel, GPS N 53°39.104' E 010°05.605'

⟳   15,6 km

⧗   3 Std. 45 Min.

↑↓ auf der ganzen Strecke nur unwesentliche An- und Abstiege

⇧   20-30 m

✎   gelbe Richtungspfeile an Bäumen und Steinen, gelegentlich mit einem „P" für Poppenbüttel, stellenweise stilisierte Jakobsmuschel für den Jakobsweg, darüber hinaus Wanderwegweiser, z.T. mit Kilometerangaben

⊼   Rastplatz Waldpavillon (km 1,1), Bank am Steilufer der Alster (km 3,4), darüber hinaus in kurzen Abständen Bänke entlang des Weges

✕   Gastwirtschaft Alter Heidkrug (km 0,05, gleich nach dem Start), Waldlokal Zum Haselknick (km 8,4), Gasthaus Quellenhof (km 9,6), eventuell Hotel/Restaurant Mellingburger Schleuse (km 12,6), Restaurant The Locks (km 14,4), zahlreiche Einkehrmöglichkeiten am Ziel in Poppenbüttel

🚲 einige kurze Passagen mit Stufen

🐕 Hunde sind auf dem gesamten Weg an der kurzen Leine zu führen. Wer nicht möchte, dass sein Hund aus der Alster trinkt, sollte Wasser und ein Trinkgefäß mitnehmen.

🚌 am Start HVV-Busse, u.a. Linie 7550 vom Bahnhof Ochsenzoll; Haltestelle Duvenstedter Triftweg (km 6,4): Bus nach Poppenbüttel; am Ziel zahlreiche Buslinien

am Ziel S-Bahn-Linien S1 und S11

🅿   Der Parkplatz am „Alten Heidkrug" ist für Gäste reserviert. Fragen Sie, ob Sie
dort Ihr Auto abstellen dürfen. Ansonsten gibt es eine Parkmöglichkeit etwa 250
m die B432 entlang in nördliche Richtung.

☺   *Die hier beschriebene Route kann gut mit den beiden südliche-*
ren Abschnitten (☞ Touren 3 und 4) kombiniert und so zu einer
schönen Wochenendwanderung werden. Konditionsstarke Wanderer
bewältigen alle drei Touren (insgesamt 34 km) auch an einem Tag.

Herbststimmung an der Alster

    Von der Bushaltestelle gehen Sie entlang der B432 Richtung Süden,
vorbei an der Gastwirtschaft Alter Heidkrug.

✕   Gastwirtschaft Alter Heidkrug, Segeberger Chaussee 10, 23863 Kayhude,
☎ 040/607 02 52, 🖳 www.alterheidkrug.de, 🍴 Mo bis Sa 11:00-21:30,
So und Fei 11:00-21:00

Gut 200 m hinter der Gastwirtschaft biegen Sie noch vor dem Wohnhaus links in den Wald ab. Entlang eines Baches wandern Sie durch einen Wald mit mächtigen Eichen und Buchen bis an die Alster, die hier im Oberlauf träge dahinfließt.

Alster

Die Alster ist einer der bekanntesten und beliebtesten Flüsse Hamburgs. Sie entspringt in der Gemeinde Henstedt-Ulzburg (Schleswig-Holstein) und fließt dann auf 56 km Länge bis in die Hansestadt, um dort schließlich in die Elbe zu münden. Auf großen Teilen der Alster kann man ganzjährig Kanu und Kajak fahren. Bootsverleihe gibt es allerdings erst auf der Strecke zwischen Poppenbüttel und Außenalster.

Sie folgen dem Weg weiter durch den Wald an einem Teich vorbei bis zu einem schönen Waldpavillon - ein idealer Rastplatz mit Blick direkt auf den Teich. Hinter dem Pavillon wandern Sie auf dem Waldweg weiter und gelangen bald an einem Parkplatz an eine Forststraße, der Sie bis zu einer Kreuzung zweier Forststraßen folgen. Der Alsterwanderweg verläuft auf

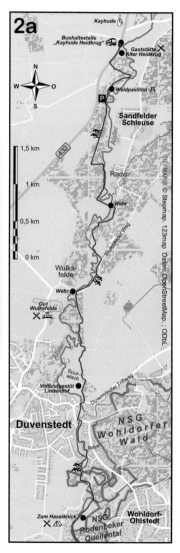

einem Pfad leicht links versetzt parallel zur Forststraße, bis er nach etwa 350 m links abzweigt und direkt an das Ufer der Alster führt. Am Alsterufer entlang wandern Sie südwärts. Bemerkenswert ist eine riesige Zwillingseiche unmittelbar am Weg, die sich kurz über dem Boden v-förmig verzweigt.

Die Markierung weist nach Poppenbüttel

Am Ende des Weges gehen Sie links, überqueren wenig später an einem Wehr die Alster und gelangen kurz darauf an den Rest eines Langbettes, ein Grab aus der jüngeren Steinzeit, das um 3.700 v.Chr. angelegt wurde. Eine Informationstafel weist auf das archäologische Denkmal hin.

Sie folgen dem markierten Wanderweg weiter, bis Sie wieder direkt an das Ufer der Alster stoßen, das hier steil abfällt. Eine Bank bietet einen schönen Rastplatz an dieser exponierten Stelle.

Sie folgen weiter dem gut markierten Wanderweg entlang der Alster und überqueren an einem Wehr den Wulksfelder Weg. Dahinter wandern Sie weiter auf einem breiten Weg durch schönen Laubwald. Auf der linken Seite erstrecken sich die Ländereien des Guts Wulksfelde.

✍ ⌘ Gut Wulksfelde

Seit 1989 wird auf dem Gut Wulksfelde in Tangstedt konsequent ökologische Landwirtschaft betrieben. Neben Gutsbäckerei und Gärtnerei gibt es auch einen modernen Hofladen, einen Lieferservice mit Onlineshop und das Bio-Restaurant Gutsküche.

♦   Wulksfelder Damm 15-17, 22889 Hamburg, ☎ 040/644 25 10,
   🖳 www.gut-wulksfelde.de

Etwas später verlassen Sie für einige Zeit die Alster, halten sich am Ende des Weges rechts und gelangen hinter einer Barriere an die Straße Suurwisch, wo Sie links gehen. Nur wenig weiter, gleich hinter der Zufahrt zum „Vollblutgestüt Lindenhof", biegen Sie rechts auf einen Waldpfad ab.

Schnitzereien am Wegesrand

Der Weg führt an einem schönen Bruchwald entlang und endet am Duvenstedter Triftweg, einer zweispurigen Asphaltstraße, auf der Sie nach rechts die Alster auf der Straßenbrücke überqueren. Der Alsterwanderweg zweigt gleich hinter der Brücke links auf einen Weg ab und führt an die Straße Schleusenredder, wo Sie die Alster erneut an einem Wehr mit einer Fischtreppe überqueren. Gleich hinter der Brücke, noch vor einem Fachwerkhaus, biegen Sie rechts von der Straße auf einen Wanderweg ab, dem Sie folgen, bis Sie an der Straße Reye in ein Wohngebiet mit schönen Einfamilienhäusern kommen. Etwa 40 m hinter einer 90°-Linkskurve verlassen Sie die Straße nach rechts in die Schlickböge, einen unbefestigten Fuß-/Radweg, auf dem Sie die Alster erneut überqueren. Dahinter wandern Sie durch ein parkähnliches Gelände mit zahlreichen Bänken und betreten das Naturschutzgebiet Rodenbeker Quellental.

NSG Rodenbeker Quellental

Das NSG Rodenbeker Quellental ist ein 84 ha großes Gebiet, das im Randbereich der letzten Eiszeit liegt. Natürliche Bäche wie Bredenbek und Rodenbek, zahlreiche Quellen und der Rodenbeker Teich ziehen sich durch das Gelände.

Naturnahe Bruchwälder, Birken- und Buchenwälder dienen als Rückzugsgebiet für Wassertiere und seltene Vögel und bieten Waldpflanzen und Pilzen eine Heimat.

Der Alsterwanderweg führt hier durch einen wunderbaren Laubwald, der von mächtigen Eichen und Buchen geprägt ist. Am Ende des NSG überqueren Sie erneut die Alster und gelangen dahinter in einen Park mit zahlreichen Spiel- und Trimmgeräten. Vorbei an einem Spielplatz erreichen Sie das rustikale Waldlokal Haselknick mit dazugehörigem Campingplatz.

✗   Wein- und Biergarten Zum Haselknick, Zum Haselknick 77, 22397 Hamburg, ☎ 040/605 04 94, 💻 www.haselknick.de, 🕐 Mi bis Fr ab 16:00, Sa, So und Fei ab 11:00

Am Campingplatz vorbei gehen Sie erneut in das NSG Rodenbeker Quellental. Sie wandern leicht erhöht mit Blick auf die Alster, die träge unter Ihnen fließt, durch einen schönen Buchenwald. Der Weg endet schließlich an einer Forststraße, auf der Sie nach rechts gehen, bis Sie am Ende des NSG an das reetgedeckte Gasthaus Quellenhof gelangen, das malerisch am Rodenbeker Teich liegt.

✗   Gasthaus Quellenhof, Rodenbeker Str. 126, 22395 Hamburg, ☎ 040/604 92 28, ✉ info@gasthaus-quellenhof-hh.de, 💻 www.gasthaus-quellenhof-hh.de, 🕐 März, April und Sep bis Dez: Fr bis So ab 12:00, Mai bis Aug: Mi bis So ab 12:00, die Küche ist durchgängig bis 20:00 Uhr geöffnet, bei gutem Wetter auch länger, Jan und Feb geschlossen

Hinter dem Gasthaus biegen Sie am Rodenbeker Teich, noch vor dem Erreichen der Asphaltstraße, rechts von der Kopfsteinpflasterstra-

ße auf einen Waldweg ab, überqueren die asphaltierte Straße Trillup
und gehen dahinter auf einem Fußweg entlang der Alster durch ein
parkähnliches Gelände mit zahlreichen Buchen und Eichen.

Am Ende gelangen
Sie in ein Wohngebiet
mit Einzelhausbebau-
ung, folgen der Straße
Kortenland und gehen
an deren Ende rechts in
die Twietenkoppel. Sie
überqueren erneut die
Alster, halten sich hin-
ter der Brücke links
und wandern bis zu
einer Gabelung, wo Sie
rechts die Stufen auf-
wärts und am Ende
links gehen. Sie umge-
hen ein weiträumiges
Privatgelände mit zwei
sehr schönen Häusern,
passieren die lindenge-
säumte Zufahrt zu dem
Gelände und biegen
etwa 100 m weiter
links in den Melling-
stedter Stieg ab.

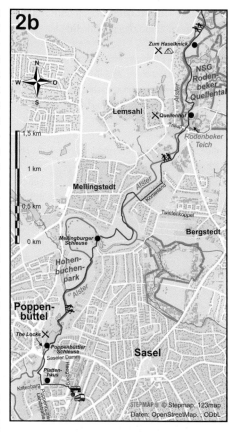

Durch schönen
Buchenwald mit ver-
einzelten Eichen und
Birken wandern Sie abwärts zur sehenswerten Mellingburger Schleuse, wo Sie die Alster auf einer Holzbalkenbrücke ein weiteres Mal
überqueren.

⌘   Mellingburger Schleuse

Die Mellingburger Schleuse, eine hölzerne Kammerschleuse mit zwei
Torpaaren, stammt aus dem Jahre 1854. Das ehemalige Schleusenmeis-
terhaus, ein Backsteinfachwerkhaus mit Reetdach, wurde 1717 errichtet. Es beherbergt heute das Hotel/Restaurant Mellingburger Schleuse,
das zurzeit allerdings geschlossen ist.

✗   Hotel/Restaurant Mellingburger Schleuse, Mellingburgredder 1,
       22395 Hamburg, ☎ 040/61 13 91 50, ✉ mellingburgerschleuse@t-online.de,
       🖥 www.mellingburgerschleuse.de. ✌ Zum Zeitpunkt der Drucklegung war das
       Haus wegen Umbauarbeiten geschlossen. Wann es wieder eröffnet wird, war
       bis dahin nicht bekannt.

Auf dem Alsterwanderweg

Hinter der Schleuse passieren
Sie das Hotel/Restaurant und
gehen hinter der Scheune rechts
auf einen Fußweg, der z.T. über
Stufen abwärts bis zur Alster
führt, die Sie erneut überqueren.
Hinter der Brücke kommen Sie
in den Hohenbuchenpark, einen
10 ha großen Laubmischwald
mit Buchen, Eichen und anderen
Laubbäumen am Westufer der
Alster.

Der Wanderweg führt durch
den Park mit seinen verschiedenen Feuchtgebieten und zahlreichen Gewässern, immer nahe am
Ufer der Alster entlang, die
immer breiter und schließlich
durch die Poppenbüttler Schleuse zu einem See wird.

An der Schleuse finden Sie auf der anderen Seite der Alster in etwa
100 m Entfernung in dem reetgedeckten ehemaligen Schleusenwärter-
haus das Restaurant The Locks.

✗ Restaurant The Locks, Marienhof 6, 22399 Hamburg, ☎ 040/611 66 00,
✉ info@the-locks.de, ⌨ www.the-locks.de, ▯ Mo bis Mi 12:00-00:00, Do bis
Sa 12:00-1:00, So 11:00-00:00, Küche schließt jeweils 2 Std. früher.

Der Alsterwanderweg führt links an der Schleuse vorbei und unterquert parallel zur Alster den stark befahrenen Saseler Damm. Etwa 250 m hinter der Unterführung heißt es aufpassen: Hier geht es links ab und über Stufen aufwärts.

☺ Wer noch bei Kräften ist und gleich den Südteil des Alsterwanderweges (☞ Tour 3) wandern will, kann hier weiter geradeaus gehen.

Oben angekommen halten Sie sich rechts, überqueren an der Ampel die Poppenbüttler Landstraße und gehen in den Kritenbarg, wo Sie nach knapp 100 m an die links liegende Gedenkstätte Plattenhaus Poppenbüttel gelangen.

⌘ Gedenkstätte Plattenhaus Poppenbüttel
In dieser Gedenkstätte werden das Frauenaußenlager des KZ Neuengamme in Sasel sowie sieben weitere Außenlager in Hamburg und Wedel dokumentiert. Inhaltliche Schwerpunkte sind die Zerstörung jüdischen Lebens in Hamburg sowie die Verfolgung von Frauen im Nationalsozialismus. Im Mittelpunkt stehen auch einzelne Biografien der Opfer. Es gibt außerdem Informationen zu den Plattenbauten an sich, die die Häftlinge vielerorts unter Qualen errichten mussten.

♦ Gedenkstätte Plattenhaus Poppenbüttel, Krittenbarg 8, 22391 Hamburg,
☎ 040/428 13 10, ✉ info@museumsdienst-hamburg.de,
⌨ www.museumsdienst-hamburg.de,
⌨ www.kz-gedenkstaette-neuengamme.de/?id=518, ▯ So 10:00-17:00 und
nach Vereinbarung für Führungen, Eintritt frei

Sie folgen dem Kritenbarg vorbei am Alstertal-Einkaufszentrum, überqueren am Ende den Heegbarg, gehen rechts und erreichen nach wenigen Metern den Bus- und S-Bahnhof Poppenbüttel, wo Sie das Ziel der Wanderung erreicht haben.

Poppenbüttel

Poppenbüttel ist ein Stadtteil im Nordwesten Hamburgs im Bezirk Wandsbek links und rechts der Alster. Der Stadtteil wurde erst im Jahre 1937 an Hamburg angegliedert. Poppenbüttel hat eine Fläche von 8,1 km² und etwa 22.500 Einwohner.

Skulptur in Poppenbüttel

❸ Alsterwanderweg II

Tour für Naturliebhaber

Der zweite Teil des Alsterwanderweges führt Sie vom nordwestlichen Hamburger Stadtteil Poppenbüttel bis nach Ohlsdorf. Der Wanderweg verläuft stets nah am Ufer des Flusses. Er schlängelt sich wie ein grünes Band durch die Stadt und lässt über weite Strecken vergessen, dass man sich mitten in einer geschäftigen Metropole befindet.

→   Start: S-Bahnhof Poppenbüttel, N 53°39,104' E 010°05.605';
      Ziel: U- und S-Bahnhof Ohlsdorf, GPS N 53°37.263' E 010°01.864'

↻   9 km

⧗   2 Std. 15 Min.

↑ ↓   Auf der ganzen Strecke nur unwesentliche An- und Abstiege.

⇧   5-20 m

✎   gelbe Richtungspfeile an Bäumen und Steinen, gelegentlich mit einem „O" für Ohlsdorf, stellenweise stilisierte Jakobsmuschel für den Jakobsweg, darüber hinaus Wanderwegweiser, z.T. mit Kilometerangaben

⊼   entlang des gesamten Weges zahlreiche Bänke, schöner Rastplatz unter einer Eiche direkt an der Alster (km 3,9)

✗ ⬛   Café im Herrenhaus Wellingsbüttel (km 3,1), Restaurant Zur Ratsmühle (km 7,8), mehrere Einkehrmöglichkeiten am Ziel in Ohlsdorf (km 9)

⚡   einige kurze Passagen mit Stufen

🐕   Hunde sind auf dem gesamten Weg an der kurzen Leine zu führen. Wer nicht möchte, dass sein Hund aus der Alster trinkt, sollte Wasser und ein Trinkgefäß mitnehmen.

🚌   an Start und Ziel mehrere HVV-Buslinien, u.a. die Linie 179 von Poppenbüttel nach Ohlsdorf

🚆   An Start und Ziel halten die S-Bahn-Linien S1 und S11, am Ziel zusätzlich die U-Bahn U1.

🅿   Parkmöglichkeit auf dem P&R-Parkplatz am Bahnhof oder in Parkhäusern

☺   *Die hier beschriebene Route lässt sich gut mit den beiden nördlich und südlich anschließenden Abschnitten des Alsterwanderweges (☞ Touren 2 und 4) kombinieren. Konditionsstarke Wanderer schaffen die gesamte Strecke von 34 km an einem Tag, für alle anderen ist es eine sehr schöne Mehrtageswanderung.*

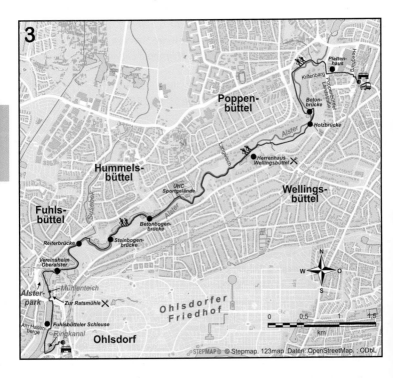

Sie verlassen den S-Bahnhof Poppenbüttel nach rechts und gehen bis zum Heegbarg, den Sie an der Fußgängerampel überqueren. Dahinter gehen Sie in der Fußgängerzone vorbei an einer Bronzeplastik (Walross und Kind) bis zum Kritenbarg, dem Sie folgen. Sie passieren die Gedenkstätte Plattenhaus Poppenbüttel (☞ Tour 2) und überqueren an der Ampel die Poppenbüttler Landstraße. Dort gehen Sie rechts und biegen nach gut 100 m links ab. Über Stufen abwärts erreichen Sie den Alsterwanderweg, dem Sie nach links folgen.

Sie überqueren die Alster und kommen in ein Gelände mit riesigen Buchen mit weit ausladenden Kronen. Ein schöner Anblick. Am Ende des Weges halten Sie sich links, überqueren die Alster auf einer Betonbogenbrücke und gehen bei der nächsten Möglichkeit rechts, nicht ohne einen neidvollen Blick auf das prächtige Haus in dem parkähnlichen Grundstück links geworfen zu haben.

Graureiher am Ufer der Alster

Vorbei an einem Totarm der Alster überqueren Sie auf einer Holzbrücke einen kleinen Zufluss und wandern auf dem breiten Weg durch dichten Buchen-Eichen-Wald, bis Sie an einen links liegenden Teich gelangen, wo Sie auf einen breiten Wanderweg stoßen, auf dem Sie nach links gehen. Sie wandern nun zwischen Teich und Alster auf einem kleinen Damm und erreichen nach wenigen Metern das Herrenhaus Wellingsbüttel.

⌘ 🎦 Herrenhaus Wellingsbüttel

Das unter Denkmalschutz stehende Ensemble aus Herren- und Torhaus des ehemaligen Gutes Wellingsbüttel lohnt den kurzen Abstecher. Das weiße Herrenhaus, 1750 im Barockstil errichtet und 1888 durch ein Geschoss aufgestockt, beherbergt heute eine Seniorenresidenz und ein öffentliches Café, in dem Sie warme Speisen sowie frische Kuchen und Torten bekommen (🍴 Mi bis So 10:00-18:00, Küche 12:00-15:00, So bis 18:00).

In einem Flügel des 1757 erbauten Torhauses ist das Alstertal-Museum untergebracht, das über die Geschichte der umliegenden Stadtteile informiert.

⌘   Alstertal-Museum, Wellingsbüttler Weg 75 a, 22391 Hamburg,

       ☏ 040/536 66 79, 🖳 www.alsterverein.de, ▯ Sa und So 11:00-13:00 und 15:00-17:00, Eintritt frei

Torhaus des ehemaligen Gutes Wellingsbüttel

Sie wandern weiter auf dem Damm zwischen Alster auf der einen und mehreren Gewässern auf der anderen Seite. Es lohnt ein Blick über den Fluss auf die großen Grundstücke mit ihren herrschaftlichen Häusern.

Schon bald nach dem letzten Gewässer überqueren Sie einen Fuß-/Radweg (Langwisch) und gelangen etwa 400 m weiter in einer Schleife der Alster an einen schönen Rastplatz unter einer großen Eiche direkt am Fluss.

Sie gehen direkt am Ufer der Alster auf dem Wanderweg weiter bis zum Ende des Weges. Dort überqueren Sie auf einer Holzbrücke die Alster und gehen gleich dahinter links weiter, vorbei am Sportgelände des UHC.

Uhlenhorster Hockey Club

Der 1901 gegründete UHC zählt zu den renommiertesten Hockeyvereinen der Stadt. Sowohl die 1. Damen als auch die 1. Herren spielen in der Halle und auf dem Feld in der höchsten Spielklasse. Der Verein gewann zahlreiche Pokale und Meisterschaften auf nationaler und internationaler Ebene.

Der Wanderweg folgt weiter dem Verlauf der Alster. Sie passieren zwei große Seen und überqueren den Fluss auf einer Betonbogenbrücke. Sie wandern durch unterschiedliche Waldtypen, bis Sie erneut auf einer Steinbogenbrücke die Alster überqueren. Gleich dahinter halten Sie sich links. Mit Glück können Sie am Ufer des großen Gewässers auf der rechten Seite Graureiher sehen. Am Ende überqueren Sie zunächst den Abfluss des angestauten Gewässers und kurz darauf den Bach Susebek.

Gut 100 m hinter der Susebek überqueren Sie die Alster auf der sogenannten Reiterbrücke erneut und gehen dahinter gleich rechts am Rande eines schönen Bruchwaldes entlang. Sie folgen dem Uferweg, bis Sie die Gleise von U- und S-Bahn unterqueren. Vorbei am Vereinsheim des Oberalster Vereins für Wassersport kommen Sie wieder an die Alster und erreichen nach kurzer Zeit eine Brücke über den Fluss, die in den Alsterpark führt.

Sie gehen hier weiter geradeaus. Aus der schmalen Alster ist inzwischen ein stattlicher See geworden, der sogenannte Mühlenteich. Kurz vor der Unterquerung des Ratsmühlendamms passieren Sie das Restaurant Zur Ratsmühle, das idyllisch direkt an der Alster liegt.

✗   Zur Ratsmühle, Ratsmühlendamm 2, 22335 Hamburg, ☎ 040/50 55 54,
     🖳 www.zur-ratsmühle.de, 🕐 täglich ab 12:00, Okt bis März Mo geschlossen

Parallel zur Alster unterqueren Sie die verkehrsreiche Straße und gehen an der Gabelung dahinter rechts. Durch ein Wohngebiet erreichen Sie die Fuhlsbütteler Schleuse.

Fuhlsbütteler Schleuse

Die marode, knapp 100 Jahre alte Fuhlsbütteler Schleuse wurde in den letzten Jahren für 10 Mio. Euro komplett zu einer modernen Wehranlage umgebaut. Besonderes Interesse verdient der sogenannte Mäander-Fischpass, über den Fische und Kleinlebewesen das Wehr umgehen können. Eine Treppenanlage führt zu dem Fischpass. Mit etwas Glück lassen sich dort auf- oder absteigende Fische beobachten.

Nach der Schleuse überqueren Sie die Straße Am Hasenberge und gehen rechts versetzt über eine schöne Treppenanlage wieder zum Ufer der Alster hinunter. Über eine große Wiese erreichen Sie den sogenannten Ringkanal, den Sie überqueren. Dahinter verzweigt sich der Alsterwanderweg. Nach rechts geht es weiter Richtung Zentrum, nach links erreichen Sie in etwa 250 m das Ziel der Wanderung am S- und U-Bahnhof Ohlsdorf.

Ohlsdorf

Ohlsdorf ist ein Stadtteil im Bezirk Hamburg-Nord mit etwa 15.000 Einwohnern, die auf einer Fläche von 7,2 km² leben. Über die Grenzen hinaus ist der Stadtteil vor allem durch den Hauptfriedhof Ohlsdorf (Haupteingang auf der Ostseite des Bahnhofs) sowie den Friedhof der jüdischen Gemeinde Hamburg bekannt. Der jüdische Friedhof ist der einzige in Hamburg, an dem noch nach jüdischem Ritus bestattet wird. Der Hauptfriedhof Ohlsdorf ist mit 391 ha der größte Parkfriedhof der Welt und sicher einer der schönsten, der besonders zur Rhododendrenblüte zahlreiche Touristen anlockt.

❹ Alsterwanderweg III

Tour für Liebhaber von Großstadtflair

Der dritte Teil des Alsterwanderweges führt Sie vom Stadtteil Ohlsdorf bis ins Zentrum der Hansestadt. Der Wanderweg verläuft durch viel Grün und lässt streckenweise vergessen, dass man gerade durch die Metropole Hamburg wandert. Erst gegen Ende des Weges, wenn man sich der aufgestauten Außenalster nähert, wird man gewahr, dass man sich mitten in einer Großstadt befindet.

Die Wanderung bietet einmalige Aussichten auf den vielleicht schönsten Teil der Hansestadt um die Binnen- und Außenalster. Sie gehört zu den besten Touren, die man in Hamburg machen kann.

→ Start: U- und S-Bahnhof Ohlsdorf, GPS N 53°37.263' E 010°01.864'; Ziel: U-Bahnhof Baumwall , GPS N 53°32.659' E 009°58.910'

↻ 12,1 km

⧗ 3 Std.

↑↓ auf der ganzen Strecke nur unwesentliche An- und Abstiege

⇧ 5-10 m

✎ gelbe Richtungspfeile an Bäumen und Steinen, gelegentlich mit einem „H" für Hafen, stellenweise stilisierte Jakobsmuschel für den Jakobsweg, darüber hinaus Wanderwegweiser, z.T. mit Kilometerangaben

🪑 zahlreiche Bänke in z.T. kurzen Abständen entlang des Weges, schöne Rastmöglichkeit am ehemaligen Anleger Alsterdorf (km 2,7), guter Rastplatz im Hayns Park (km 4,8), vom Erreichen der Außenalster (km 7,1) bis zum Ziel zahlreiche gute Rastmöglichkeiten in kurzen Abständen

✕ 🍴 Braband Bistro & Wein (km 2,5), Barmeiers Gartencafé (km 4,6), Restaurant angels barcelona (km 5,2), Café Leinpfad (km 5,3), Café Red Dog (km 7,1), vom Erreichen der Außenalster (km 7,1) bis zum Ziel zahlreiche Einkehrmöglichkeiten in kurzen Abständen

WC Alte Rabenstraße (km 8,5)

🚻 einige kurze Passagen mit Stufen

Hunde sind auf dem gesamten Weg an der kurzen Leine zu führen. Wer nicht möchte, dass sein Hund aus der Alster trinkt, sollte Wasser und ein Trinkgefäß mitnehmen.

am Start mehrere HVV-Buslinien; Haltestelle Bebelallee (km 3,4): Buslinie 39 zur U-Bahn Wandsbek Markt und Linie 292 zur U-Bahn Lattenkamp; Haltestelle Streekbrücke (km 6,4): Buslinie 109 zum Rathausmarkt/Hauptbahnhof und U-Bahn Alsterdorf; Haltestelle Jungfernstieg (km 10,7): zahlreiche Buslinien; am Ziel Linie 111 zum Bahnhof Altona

am Start U-Bahn U1 sowie S-Bahn S1 und S11; U- und S-Bahnhof Jungfernstieg (km 10,7): U-Bahn U1, U2 und U4, S-Bahn S1, S2 und S3; am Ziel U-Bahn U3

Parkmöglichkeit auf dem P&R-Parkplatz Sommerkamp

Spaziergänger am Alsterufer

☺   *Die hier beschriebene Route lässt sich gut mit den beiden nördlichen Abschnitten des Alsterwanderweges (☞ Touren 2 und 3) kombinieren. Konditionsstarke Wanderer schaffen die insgesamt 34 km auch an einem Tag.*

Die Wanderung beginnt auf der West-seite des Bahnhofs an der Straße Im Grünen Grunde. Sie gehen nach links und nach gut 30 m nach rechts und halten sich dann sofort wieder links. Am Ringkanal vorbei erreichen Sie nach kurzer Zeit das Ufer der Alster. Durch einen parkähnlichen Grünstreifen wandern Sie weiter, unterqueren die Sengelmannstraße und gelangen an die viel befahrene Hinden-burgstraße, die Sie auf einem Fußgängerüber-weg queren.

Kurz darauf errei-chen Sie den Skager-rakkanal, der auf der gleichnamigen Brücke überquert wird. Hinter der Brücke führen Stu-fen wieder an das Ufer der Alster, die hier von großen Weiden und Birken gesäumt ist.

Entlang des Uferwe-ges gelangen Sie an die Straße Alsterdorfer Damm, die Sie leicht

rechts versetzt überqueren. Dahinter geht es über Stufen wieder an das Alsterufer. Auf der anderen Seite der Alster, über die Dammbrücke zu erreichen, befindet sich das Restaurant Braband Bistro & Wein.

✗   Restaurant Braband Bistro & Wein, Alsterdorfer Damm 18, 22297 Hamburg, ☎ 040/38 67 71 61, 🖳 www.braband-bistro.de, 🗐 Mo bis So ab 12:00, Küche: 12:00-15:00 und 18:00-22:00

Etwa 200 m hinter der Brücke kommen Sie an den ehemaligen Alsteranleger „Alsterdorf", ein nahezu rechteckiges Becken mit schönen, zum Wasser führenden Stufenanlagen. Die halbrunden Stufen auf dieser Seite der Alster bieten mit ihren Bänken einen wunderbaren Rastplatz.

Als Nächstes überqueren Sie erneut den Skagerrakkanal und die Wilhelm-Metzger-Straße (Bushaltestelle Bebelallee), unterqueren die verkehrsreiche Straße Deelböge und anschließend die Güterumgehungsbahn und erreichen vorbei am Lattenkamp-Spielplatz die Meenkbrücke, auf der Sie die Alster überqueren.

Gleich hinter der Brücke gehen Sie links in ein parkähnliches Gelände und wählen an der ersten Gabelung die rechte Alternative, passieren das Bootshaus Barmeier mit einem Gartencafe und überqueren auf einer Betonbogenbrücke die Tarpenbek.

✗ 🖃   Bootshaus Barmeier Gartencafe, Eppendorfer Landstraße 180, 20251 Hamburg, ☎ 040/51 77 07, 🖳 www.bootshaus-barmeier.de, 🗐 April bis Sep tägl. 9:00-20:00, Mai und Aug bis 21:00, Juni und Juli bis 22:00, Okt Fr-So 10:00-18:00

Hinter der Brücke wenden Sie sich nach links und wandern durch den „Hayns Park", wo Sie kurz vor einer Brücke über einen Stichkanal einen schönen Rastplatz mit Bänken und Tischen erreichen. Wenig weiter gelangen Sie an die Fährhausbrücke, auf der Sie die Alster überqueren. Dahinter gehen Sie rechts und gelangen an der Hudtwalckerstraß" an das spanische Restaurant angels barcelona direkt neben der Komödie Winterhuder Fährhaus, einem bekannten und beliebten Privattheater.

✕　Restaurant angels barcelona, Hudtwalckerstraße 13, 22299 Hamburg,
　☎ 040/46 77 53 53, 🖳 www.angels-barcelona.com, 🗍 Di bis Sa ab 17:00,
　So und Fei ab 12:00 durchgehend geöffnet

Sie überqueren die Hudtwalckerstraße. Gleich dahinter auf dem Alsteranleger finden Sie das Café Leinpfad, wo Sie direkt auf dem Ponton essen und trinken können.

✕　Café Leinpfad, Leinpfad/Hudtwalckerstraße, 22299 Hamburg, ☎ 040/46 48 56,
　🖳 www.cafe-leinpfad.de, 🗍 April bis Okt täglich ab 10:00

Paddler auf der Alster

Der Alsterwanderweg führt auf dem Leinpfad, einer ruhigen Anliegerstraße, weiter. Sie unterqueren die U-Bahn und überqueren den Werftkanal. Etwa 150 m hinter dem Kanal gelangen Sie an die

Streekbrücke, auf der Sie ein letztes Mal die Alster überqueren. Etwa 50 m hinter der Brücke biegen Sie links in die Heilwigstraße ein, die wieder bis an die Alster führt.

Sie wandern durch den Eichenpark, überqueren die Straße Krugkoppel und gelangen dahinter in den Park Alstervorland. Gleich rechts finden Sie das Café Red Dog.

☛   Café Red Dog, Krugkoppel 1, 20149 Hamburg, ☎ 040/44 49 26,
      💻 www.red-dog-hamburg.de, 🕐 Mo bis Fr 17:00 bis 1:00, Sa 15:00-1:00,
      So 12:00-0:00

Sie haben jetzt die zu einem großen See aufgestaute Außenalster erreicht.

Außen- und Binnenalster

Durch Anstauung des Flusses Ende des 12. Jh. inmitten der Stadt entstand der sogenannte Alstersee, der heute durch die Hamburger Wallanlagen in Außen-und Binnenalster aufgeteilt ist. Die Außenalster, die mit einer Größe von 164 ha den Hauptteil des Alstersees ausmacht, ist beliebt bei Spaziergängern und Joggern, die die breiten Wege entlang des Ufers nutzen. In besonders kalten Wintern kann die Außenalster komplett zufrieren. Dann findet das beliebte Alstereisvergnügen statt, bei dem die Menschen die Gelegenheit haben, auf der Alster Schlittschuh zu laufen oder gemütlich über das Eis zu flanieren. An direkt auf dem Eis errichteten Buden und Ständen können sich die Besucher mit Getränken und Essen versorgen.

Auf der kleineren Binnenalster sprudelt im Sommer eine 35 m hohe Fontäne. Um die Weihnachtszeit wird sie durch einen großen beleuchteten Tannenbaum ersetzt. Zudem ist die Binnenalster alljährlich Schauplatz des Alstervergnügens. Zu diesem Anlass werden rund um die Binnenalster Bühnen, Gastronomie- und Verkaufsstände aufgestellt. Auf beiden Gewässern laden kleine Segelschiffe, Ruderboote und Barkassen zu einer Fahrt ein.

Der Alsterwanderweg ist von nun an sehr belebt, Spaziergänger, Wanderer, Jogger und Radfahrer bevölkern den straßenbreiten Wanderweg und auf Bänken und Rasenflächen rasten bei gutem Wetter zahlreiche Menschen. Der Weg führt durch einen Park, stets dicht am Ufer der Alster entlang. Voraus bieten sich Ihnen immer wieder fantastische Blicke auf die Hamburger Skyline. Hier zeigt sich Hamburg von einer seiner schönsten Seiten.

Vorbei an dem stark gesicherten amerikanischen Konsulat und einigen Rudervereinen erreichen Sie das Ende der Außenalster, gehen nach links und unterqueren Kennedy- und Lombardsbrücke. Dahinter gelangen Sie an die Binnenalster und haben nochmals einen atemberaubenden Blick auf die Binnenalster mit der Fontäne und die Skyline dahinter.

Am Ufer der Binnenalster wandern Sie vorbei am weltberühmten Hotel Vierjahreszeiten bis zum Jungfernstieg, eine der Prachtstraßen Hamburgs am südlichen Ufer der Binnenalster.

Am Ende des Jungfernstieges, noch vor der Reesendammbrücke, gehen Sie rechts in die Alsterarkaden. Auf der anderen Seite der Alster liegt das sehenswerte Rathaus.

☺   Einen schönen Blick auf die Arkaden haben Sie vom gegenüberliegenden Ufer der Alster.

⌘   Rathaus und Alsterarkaden

Das Hamburger Rathaus, Sitz der Hamburger Bürgerschaft und des Senats, ist eines der wenigen vollständig erhaltenen Beispiele des Historismus in Deutschland. Knapp 60 Jahre, nachdem das alte Rathaus dem großen Brand von 1842 zum Opfer fiel, wurde das heute noch zu sehende Gebäude errichtet. Die 111 m breite Fassade des Rathauses ist im Stil der italienischen und norddeutschen Renaissance gestaltet. Der markante Turm in der Mitte der Fassade ist 112 m hoch. Wie bei vielen Gebäuden rund um die Binnenalster ist das Dach kupfergedeckt.

Direkt neben dem Rathausmarkt, am Ufer des Alsterfleets, sind die Alsterarkaden zu finden. Mit ihren prunkvollen weißen Rundbögen im

venezianischen Stil sind sie ein prominentes Beispiel für die sogenannte Nachbrandarchitektur in Hamburg, die durch die Vermischung des
damals modernen Rundbogenstils mit Elementen der Klassizistik,
Romantik oder Gotik geprägt ist. Heute findet man kleine exklusive
Läden und Restaurants in den Gebäuden. Besonders schön ist auch die
Mellin-Passage, Hamburgs kleinste und älteste Einkaufsstraße, mit
ihren Wand- und Deckenmalereien im Jugendstil.

Hamburger Rathaus

Sie gehen an der Rathausschleuse vorbei und bleiben immer direkt
am jetzt Alsterfleet genannten Gewässer. Voraus kann man schon bald
den Viadukt der U-Bahn und das Konzerthaus Elbphilharmonie sehen.

Vor der Schaartorschleuse unmittelbar vor der Mündung der Alster
in die Elbe verlassen Sie die Alster und wandern die verbleibenden
knapp 250 m an Straßen entlang bis zum Ziel an der U-Bahn-Station
Baumwall.

❺ Naturschutzgebiet Wittmoor

Tour für Naturliebhaber

Das Wittmoor ist das letzte noch erhaltene Hochmoor im Norden Hamburgs. Lange Zeit durch großflächigen Torfabbau gefährdet, wurde es 1978 unter Naturschutz gestellt. Die kurze Rundwanderung führt zunächst am Rand des NSG entlang und dann in das Gebiet hinein. Höhepunkt ist der Abschnitt auf dem alten Damm der ehemaligen Förderbahn, der mitten durch das Moor hindurch- und an einem großen Hochmoorsee vorbeiführt.

↻   Start/Ziel: Bushaltestelle Kreuzung Segeberger Chaussee/Siegfriedstraße in Glashütte, GPS N 53°42.212' E 010°03.623'

➲   5,6 km

⧗   1 Std. 30 Min.

↑↓   auf der ganzen Strecke nur unwesentliche An- und Abstiege

⇧   30-40 m

✎   z.T. gelbe Richtungspfeile an Bäumen und Telefonmasten, gelegentlich mit einem „P" für Poppenbüttel

🪑   Bank vor großer Heidefläche (km 1,4), Bänke auf Moräne (km 2,5), letzte Rastmöglichkeit an einer Kreuzung (km 3,6)

✕   keine Einkehrmöglichkeiten

🚶   einige kurze Passagen über sehr schmale Pfade

🐕   Hunde sind über weite Strecken an der kurzen Leine zu führen. Wasser und ein Trinkgefäß sollten mitgenommen werden.

🚌   an Start/Ziel HVV-Buslinien 378 zur U-Bahn Norderstedt Mitte und 7550 zum U-Bahnhof Ochsenzoll

🅿   Wer mit dem Pkw anreisen will, findet in der Siegfriedstraße Parkmöglichkeiten.

✋   *Nach längeren oder stärkeren Regenfällen sollten Sie die Wanderung nicht antreten, da dann einige Wege nicht passierbar sein könnten.*

Die Wanderung beginnt an der Kreuzung Segeberger Chaussee/Siegfriedstraße. Sie wandern auf der Siegfriedstraße, einer schönen, nur von wenigen Anliegern befahrenen Allee, in östliche Richtung, bis Sie an ihrem Ende das NSG Wittmoor erreichen.

Im Wittmoor

Naturschutzgebiet Wittmoor

Das Wittmoor (= weißes Moor), das in Hamburg und Schleswig-Holstein liegt, ist der Rest einer ausgedehnten Moorfläche, die in einem Nebental der Alster nach der letzten Eiszeit im Verlauf von fast 10.000 Jahren entstanden ist und mächtige, bis zu 5 m dicke Torfschichten gebildet hat. Im letzten Jahrhundert wurde das Moor bis zum Jahre 1958 großflächig abgetorft. Seit 1978 steht der Hamburger Teil unter Naturschutz, drei Jahre später wurden auch die schleswig-holsteinischen Bereiche unter Schutz gestellt. Durch Anstau der Entwässerungsgräben wurden die abgetorften Flächen wieder durchnässt und ein schöner neuer Hochmoorsee ist entstanden.

Vielerorts sieht man abgestorbene Birken - ein gutes Zeichen, künden sie doch von neuer Moorbildung. Inzwischen haben sich wieder typische Moorpflanzen wie Glockenheide, Wollgras, Sonnentau oder

Moosbeere angesiedelt, die auf sehr nährstoffarme und saure Boden-
verhältnisse angewiesen sind. Libellen und mehr als 300 z.T. sehr seltene Schmetterlingsarten finden hier einen geeigneten Lebensraum,
ebenso Mooreidechse, Ringelnatter oder Kreuzotter. Auch Vogelfreun-
de kommen auf ihre Kosten, denn sie können seltene Arten wie z.B.
Bekassine, Pirol, Waldschnepfe oder Schwarzkehlchen beobachten.

Hier gehen Sie links auf dem
unbefestigten Feldweg am Rande
des Naturschutzgebietes entlang.
Nach knapp 500 m biegen Sie
nach rechts auf einen ebenfalls
unbefestigten Feldweg ab. Vorbei
an einem links liegenden Teich
folgen Sie dem Weg um eine
scharfe Linkskurve. Der Feldweg
wird nun zu einem schmalen Pfad
und führt durch einen Birkenwald
und wenig später am Waldrand
entlang. Im Süden schauen Sie

auf eine große, freie Heidefläche. Eine Bank lädt zu einer Rast ein.

Sie wandern auf dem Pfad, bis er an einer großen Eiche an einem
Feldweg endet. Folgen Sie hier dem Weg nach rechts (gelbe Richtungspfeile) und an einer großen, links liegenden Heidefläche vorbei, bis er
an einem Parkplatz endet. Dort gehen Sie rechts und folgen vorbei an
einem Fichtenwäldchen der mit uralten Eichen bestandenen Allee.

Am Ende des Waldes gelangen Sie an eine Kreuzung. Dort hat der
Naturschutzbund Deutschland (NABU) südlich des Waldes eine große
Fläche gepachtet und darauf eine Streuobstwiese angelegt, die Lebens-
raum für viele seltene Tier- und Pflanzenarten bietet.

Streuobstwiese

Die Streuobstwiese ist eine traditionelle Form des Obstanbaus, charak-
terisiert durch hochstämmige Obstbäume, welche verteilt auf einer
weiten Fläche stehen. Die Bäume sind meist unterschiedlichen Alters

und gehören zu verschiedenen Arten und Sorten. Neben dem Obstanbau dienen die Wiesen oft auch der sogenannten „Unternutzung", bei der die Wiese etwa als Weideland oder zur Heugewinnung genutzt wird. Bei der Bewirtschaftung von Streuobstwiesen wird in der Regel auf Dünger und Pestizide verzichtet. Auch aus diesem Grund sind Streuobstwiesen ein vielfältiger Lebensraum für diverse Tier- und Pflanzenarten, sie gehören zu den artenreichsten Biotopen Mitteleuropas. Zurzeit existieren laut Schätzungen vom NABU rund 300.000 ha Streuobstwiesen in Deutschland. Da der Anbau im Vergleich zu anderen Methoden mühsamer ist und weniger Ertrag bringt, werden allerdings viele ehemalige Streuobstflächen umgebaut und anderweitig genutzt.

Holzplankenweg im Wittmoor

Sie gehen an der Kreuzung dem gelben Richtungspfeil „P" folgend rechts auf eine flache Moräne hinauf, auf der sich mehrere Bänke mit schönem Blick nach Norden für eine Rast anbieten. Sie folgen dem Pfad weiter durch die Heide bis an die Ecke eines kleinen Fichtenwaldes. Hier gabelt sich der Weg. Gehen Sie hier links und gut 150 m weiter wieder rechts, dem gelben Richtungspfeil folgend.

Sie wandern jetzt an der Ostseite des NSG entlang und gelangen schließlich an einer Bank an eine Informationstafel über das Schutzgebiet. Etwa 100 m weiter erreichen Sie an einer Kreuzung erneut eine Bank, an der sich zum letzten Mal die Möglichkeit für eine Rast bietet. Hier verlassen Sie den mit gelben Pfeilen markierten Weg, der weiter geradeaus führt, und gehen nach rechts. Es folgt der schönste Abschnitt der Wanderung: auf dem Damm der ehemaligen Förderbahn mitten durch das Moor.

🖐 Der Weg führt auf einem kurzen Abschnitt über Holzbohlen, die im Laufe der Jahre teilweise marode geworden und nicht mehr verkehrssicher sind. Aus diesem Grund war der Weg bei Drucklegung des Buches gesperrt. Sollte eine Passage immer noch nicht möglich sein, folgen Sie den gelben Richtungspfeilen und gehen an der nächsten Abzweigung rechts und dann wieder rechts. Der Weg verlängert sich dadurch um 1,5 km.

Moorsee im Wittmoor

Ziemlich genau in der Mitte des Dammweges gelangen Sie an einen neu entstandenen Hochmoorsee - bei Windstille eine spiegelglatte Fläche, in der sich die aus dem Wasser ragenden abgestorbenen Stümpfe der Birken spiegeln. Ein wunderbarer Platz, leider ganz ohne Sitzmöglichkeit.

Sie wandern weiter bis zum Ende des Dammes und gehen dort rechts. Am Ende des Weges halten Sie sich erneut rechts und folgen der Straße um ein Wohnhaus herum, bis Sie hinter einem Wald wieder an die Siegfriedstraße stoßen, auf der Sie nach links zum Start- und Zielpunkt gehen.

➏ Elbuferweg I   ⊼ ✗ ♨ WC ⌘ 🏠

Tour für Liebhaber von Fisch und Schiff   👪 👪 🚹 🐕

Die Elbe gilt als Lebensader der Hansestadt, sie ist seit Jahrhunderten das „Tor zur Welt" für die Hamburger. Welche Bedeutung der Fluss für die Stadt hat, lässt sich gut während einer Wanderung auf dem Elbuferweg erfahren. Der hier beschriebene erste Teil führt von den Landungsbrücken St. Paulis über den Fischmarkt zu einem Museumshafen und weiter vorbei an historischen Lotsen- und Kapitänshäusern bis nach Teufelsbrück. Unterwegs haben Sie die Möglichkeit, am Sandstrand mit Blick auf die vorbeifahrenden kleinen und großen Pötte zu rasten.

→   Start: U- und S-Bahnhof Landungsbrücken bzw. Schiffsanleger St. Pauli Landungsbrücken, GPS N 53°32.748' E 009°5.204';

     Ziel: Teufelsbrück, GPS N 53°32.842' E 009°51.804'

➲   7,9 km

⧗   2 Std.

↑↓   auf der ganzen Strecke nur unwesentliche An- und Abstiege

⇧   0-10 m

✎   blaues Signet mit dem Schriftzug Elbuferweg, stellenweise stilisierte Jakobsmuschel für den parallel verlaufenden Jakobsweg sowie ein weißes Kreuz auf schwarzem Grund, darüber hinaus Wanderwegweiser, z.T. mit Kilometerangaben

⊼   Es gibt zahlreiche Bänke in z.T. kurzen Abständen entlang des Weges und mehrere schöne Rastmöglichkeiten, auch direkt am Sandstrand. Besonders erwähnenswert ist eine Möglichkeit bei km 6,6, wo man sehr schön am Strand unter einem riesigen Baum sitzen kann, dessen Äste weit über das Wasser ragen.

✗   Es wartet eine Fülle von Einkehrmöglichkeiten aller Preiskategorien entlang des gesamten Weges. Besonders empfehlenswert sind die zahlreichen Fischrestaurants.

WC   Tourist-Info an den Landungsbrücken, Beachbar Sutsche (km 4,3), Schröders Elbpark (km 6), Teufelsbrück (km 7,9) - teilweise Benutzungsgebühr von € 0,50

👪   Spielmöglichkeiten für Kinder an den Sandstränden

🚹   einige kurze Passagen mit Stufen

🐕 Hunde sind auf dem gesamten Weg an der kurzen Leine zu führen. Bei Schröders Elbpark (km 5,9) und bei km 6,9 gibt es große Hundeauslaufzonen. Wer nicht möchte, dass sein Hund aus der Elbe trinkt, sollte Wasser und ein Trinkgefäß mitnehmen.

🚌 am Start zahlreiche HVV-Buslinien, u.a. zum Bahnhof Altona; Haltestelle Neumühlen/Övelgönne (km 4,1): Buslinie 112 zum Bahnhof Altona; am Ziel u.a. Buslinien zum Bahnhof Altona und zum Hauptbahnhof

🚈 am Start U-Bahn U3 sowie S-Bahnen S1, S2 und S3

⛴ am Start mehrere Hafenfähren, u.a. Linie 62 nach Finkenwerder; am Anleger Neumühlen/Övelgönne (km 4,1): Linie 62 Richtung Landungsbrücken und Finkenwerder; am Ziel Linie 64 nach Finkenwerder

✋ *Eigentlich bietet es sich geradezu an, von den zahlreichen schönen Sandstränden aus in der Elbe zu baden, allerdings rät die Hamburger Umweltbehörde davon ab, da die Grenzwerte bakterieller Belastungen immer wieder überschritten werden. Darüber hinaus stellen die hohe Strömungsgeschwindigkeit der Elbe und der z.T. starke Sog und Schwell vorbeifahrender Schiffe ernste Gefahren dar.*

☺ *Der Weg lässt sich von Teufelsbrück bis zum Willkomm-Höft in Wedel (☞ Tour 7) fortsetzen.*

☺ *Wer diese Wanderung mit einer Schiffstour verbinden möchte, findet hier ideale Voraussetzungen. Steigen Sie dazu in Teufelsbrück auf die Hafenfähre Linie 64 nach Finkenwerder. Dort steigen Sie um auf die Linie 62 und fahren bis zu Ihrem Ausgangspunkt an den Landungsbrücken zurück. Eine wunderbare Fahrt auf der Elbe, während der Sie die Wanderstrecke noch einmal aus einer ganz anderen Perspektive betrachten können.*

Sie beginnen die Wanderung gleich neben dem Ausgang der U- und S-Bahn-Station am Uhrenturm der Landungsbrücken, der neben der Zeit auch den aktuellen Wasserstand der Norderelbe anzeigt, und wandern an den Gebäuden entlang, in denen sich neben einigen Restaurants und Andenkenläden auch die Tourist-Info befindet.

St. Pauli Landungsbrücken

Die Landungsbrücken in St. Pauli sind eine schwimmende Anlegestelle für kleinere Passagierschiffe, die Hafenfähren und die HADAG-Schiffe. Auch die meisten Hafenrundfahrten starten hier. Die Anlage ist etwa 700 m lang und besteht aus Pontons, die durch zehn bewegliche Brücken mit dem Festland verbunden sind. Der an der Uferpromenade gelegene Gebäudekomplex steht heute unter Denkmalschutz und war früher eine Abfertigungshalle für Passagiere.

Blick von Steinwerder auf die Landungsbrücken

An den Landungsbrücken liegt die Rickmer Rickmers, ein stählerner Dreimaster. Heute ist der ehemalige Frachtsegler Museumsschiff und Restaurant. Etwas weiter östlich an der Überseebrücke liegt ein weiteres Museumsschiff, die Cap San Diego. Die Silhouette dieses 1961 gebauten Schiffes ist aus dem Hafenpanorama genauso wenig wegzudenken wie der Michel (📷 S. 61). Der stählerne Frachter ist noch fahrtüchtig und unternimmt jedes Jahr mehrere Touren, bei denen man mitfahren kann. Auch das Übernachten an Bord ist möglich.

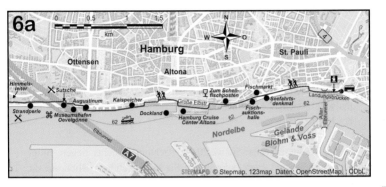

ℹ   Tourist-Info, ⧗ täglich 9:00-18:00, Do bis Sa bis 19:00

⌘✕ Rickmer Rickmers Museum, ☎ 040/319 59 59, 🖥 www.rickmer-rickmers.de,
      📧 museum@rickmer-rickmers.de, ⧗ täglich 10:00-18:00, vom 29.3. bis 31.8.
      ist das Museum außerdem Fr und Sa 10:00-20:00 geöffnet, ⧗ Restaurant: täg-
      lich 11:00-18:00, abends nur für geschlossene Gesellschaften

⌘   Cap San Diego, ☎ 040/36 42 09, 🖥 www.capsandiego.de,
      📧 info@capsandiego.de, ⧗ täglich 10:00-18:00

   Am Ende des Gebäudeensembles stoßen Sie auf den auffälligen
quadratischen Kuppelbau des Alten Elbtunnels.

☺   Der Weg durch die gut 400 m langen, in 24 m Tiefe liegenden
Tunnelröhren auf die andere Elbseite nach Steinwerder ist ein besonderes Erlebnis, das man sich nicht entgehen lassen sollte. Darüber hinaus
hat man von Steinwerder aus den schönsten Blick auf die Landungsbrücken.

⧗   Für Fußgänger ist der Alte Elbtunnel täglich 24 Stunden geöffnet. Die Passage
    ist für Fußgänger kostenlos.

⌘   Alter Elbtunnel

Anfang des vorigen Jahrhunderts dehnte sich der Hafen mehr und mehr
auch auf die Südseite der Elbe aus. Die kleinen Hafenfähren konnten
die Massen an Arbeitern, die zweimal täglich über die Elbe zu ihren

Arbeitsplätzen im Hafen und auf den Werften mussten, kaum mehr bewältigen. Deshalb beschloss der Senat 1901, eine Tunnelverbindung von St. Pauli nach Steinwerder zu bauen. 1911 war es dann so weit: Der St.-Pauli-Elbtunnel wurde feierlich eröffnet. Die Technik des Tunnels mit seinen vier großen Fahrkörben war damals eine große Sensation und ruft auch heute noch Erstaunen hervor. Der seit 2003 unter Denkmalschutz stehende Tunnel ist eine der großen Touristenattraktionen der Hansestadt.

Sie wandern weiter in westliche Richtung. Rechts liegen einige Beach Clubs und nach links haben Sie einen schönen Blick auf die Docks von Blohm und Voss. In der Hafenstraße fallen die bunt bemalten Wohnhäuser auf, die ein Stück der politischen Geschichte der Hansestadt widerspiegeln und zum Symbol des „Widerstandes gegen den Staat" wurden. Hier kam es in den 1980er-Jahren zu Hausbesetzungen, Straßenbarrikaden, Festnahmen und Räumungen. Der Gartenzaun aus alten Fahrrädern zeugt heute noch von der Kreativität der Bewohner.

Am Ende der Hafenstraße gelangen Sie an ein Denkmal, das den auf See gebliebenen Seeleuten und gesunkenen Schiffen gewidmet ist. Über Stufen steigen Sie hinab zum Fischmarkt und gehen weiter bis zur historischen Fischauktionshalle.

⌘ Fischmarkt und Fischauktionshalle

In der von 1895-1896 erbauten Altonaer Fischauktionshalle wurden die von den Fischern angelandeten Fänge versteigert. Die Lage am damals neu erbauten Fischereihafen war dafür perfekt. Im Zweiten Weltkrieg wurde das Gebäude schwer beschädigt. Erst 1982 wurde die schon seit den 50er-Jahren leer stehende Halle wiederaufgebaut, nun allerdings nicht mehr als Auktionshalle, sondern als Veranstaltungszentrum genutzt.

Das markante Gebäude aus Ziegelwerk und Stahlträgern steht seit 1984 unter Denkmalschutz. Jeden Sonntag sind in der Halle und auf den angrenzenden Flächen Stände des beliebten Hamburger Fisch-

markts aufgebaut. Hier können Frühaufsteher den lautstarken Markt-
schreiern zuhören und um den günstigsten Preis feilschen. Zu kaufen
gibt es neben frischem Fisch auch Obst, Blumen, lebende Tiere, Klei-
dung und vieles mehr.

⌐ April bis Okt So 5:00-9:30, Nov bis März So 7:00-9:30

Sie wandern an der Großen Elbstraße entlang, passieren die Kneipe
Zum Schellfischposten, die durch die Sängerin und Moderatorin Ina
Müller und ihre Sendung „Inas Nacht" bekannt geworden ist, und
gelangen an das 2011 erbaute „Hamburg Cruise Center Altona", das
mit einer Kailänge von über 300 m auch den Megalinern unter den
Kreuzfahrtschiffen Platz bietet.

☺ Informationen, wann welches Schiff dort liegt, erhalten Sie im
Internet unter ⌨ www.hamburgcruisecenter.eu auf der Seite „Segellis-
te".

Am Ende des Terminals haben Sie einen schönen Blick auf das
Bürogebäude „Dockland", das wie ein Schiffsbug über das Wasser
ragt. Sie gehen hier rechts und dann gleich wieder links in die Große
Elbstraße. Nach knapp 500 m, vor einem mit kupferfarbenen Metall-
platten verkleideten Gebäude, gehen Sie wieder nach links und erreichen über Stufen das Elbufer. Am Ende des Kaispeichers passieren Sie
den Anleger für die Hafenschlepper und gehen weiter bis zum Augustinum, einer Seniorenresidenz, die dem Union-Kühlhaus, das einst an
diesem Ort stand, nachempfunden wurde.

Hinter dem Augustinum erreichen Sie den Schiffsanleger Neumüh-
len/Övelgönne und den Museumshafen Oevelgönne.

⌘ Museumshafen Oevelgönne

Der Museumshafen in Oevelgönne ist Liegeplatz vieler Traditions-
schiffe. Er wird ausschließlich von Mitgliedsbeiträgen und Spenden
durch die „Vereinigung zur Erhaltung historischer Wasserfahrzeuge in
Neumühlen" getragen. Die ausgestellten Schiffe stammen größtenteils
aus der Zeit von 1880 bis 1980. Neben dem 1888 in Bremen-Vegesack

erbauten Feuerschiff „Elbe 3", das als ältestes seegängiges Feuerschiff der Welt gilt, können der Eisbrecher „Stettin", Segelschiffe, ein Dampfschlepper, Barkassen, ein Hochseekutter und sogar ein Schwimmkran besichtigt werden. Alle ausgestellten Stücke sind noch heute funktions- und seetüchtig. Die Schiffe können vom Anleger aus jederzeit besichtigt werden, Innenbesichtigungen und Führungen gibt es nach Vereinbarung.

◆   ☎ 040/41 91 27 61, 🖳 museumshafen-oevelgoenne.de, 🗓 Feuerschiff „Elbe 3": Mi 12:00-17:00 und Sa 14:00-17:00, Eintritt frei

Feuerschiff im Museumshafen Oevelgönne

Am Ende des Museumshafens erreichen Sie die Lüftungsanlagen des neuen Elbtunnels. Hier finden Sie auf der Rückseite von Beachbar und Restaurant Sutsche eine öffentliche Toilette.

Auch wenn Sie ab hier am Sandstrand wandern könnten, sollten Sie doch den Markierungen folgen und den schmalen Fußweg entlang der ehemaligen Lotsen- und Kapitänshäuser wählen.

⌘   Lotsen- und Kapitänshäuser

Die Lotsen- und Kapitänshäuser prägen diesen Wegabschnitt. Sie wurden bis zum Ende des 19. Jh. für Hamburger Lotsen und Schiffskapitäne errichtet.

Nach der Elbvertiefung Anfang des 20. Jh. wurden die Siedlungen noch einmal erweitert. Hier entstanden dann Häuser in der sogenannten „Kurort-Architektur". Sie waren oft größer als die ursprünglichen Häuser und wurden in unterschiedlichen Baustilen errichtet. Viele der Gebäude stehen heute unter Denkmalschutz.

Sie wandern auf dem schmalen Weg zwischen den Vorgärten und den sehenswerten Häusern weiter und überqueren eine Kreuzung, an der es links über Stufen zur „Strandperle" geht, einem vor allem an schönen Tagen stark frequentierten Imbiss,

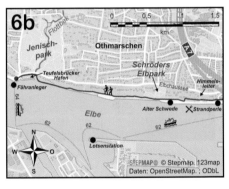

der sich über die Jahre zu einem Szeneladen und großen Anziehungspunkt am Strand von Övelgönne entwickelt hat.

▐▌   An der nächsten Wegkreuzung zweigt nach rechts die „Himmelsleiter" ab - ein Weg mit 126 Stufen, der hinauf zur noblen Elbchaussee führt. Wer Lust und Kraft hat, sollte hinaufsteigen. Oben erreichen Sie rechts entlang der Elbchaussee nach etwa 100 m einen Aussichtspunkt mit schönem Blick auf den Hafen.

Elbchaussee

Die 8,6 km lange Elbchaussee wird oft als Hamburgs schönste Straße bezeichnet. Sie ist vor allem durch riesige Villen, Herrenhäuser und parkähnliche Gärten geprägt.

Der Elbuferweg führt an der Kreuzung weiter geradeaus und schließlich direkt an den relativ breiten Sandstrand. Nächstes Highlight am Weg ist der „Alte Schwede", ein 217 t schwerer Granitfindling.

„Alter Schwede" am Elbstrand

✿ Alter Schwede

Der Alte Schwede ist Hamburgs ältester „Einwohner". Er wurde durch die Gletscher der Elster-Eiszeit aus Ostsmåland (Schweden) nach Hamburg verfrachtet und ist der älteste Großfindling Deutschlands. Er wurde 1999 bei Baggerarbeiten in 15 m Tiefe in der Elbe gefunden. Nach der Bergung wurde der Riese mit einer Höhe von etwa 4,5 m an seinen heutigen Platz transportiert.

Sie wandern weiter elbabwärts. Am Ende des Sandstrandes erstreckt sich rechts den Elbhang aufwärts Schröders Elbpark. Der Blick über die Elbe fällt auf die Lotsenstation von Finkenwerder. Am Teufelsbrücker Hafen erreichen Sie die Elbchaussee. Auf der anderen Seite der Straße erstreckt sich der große Jenischpark, eingebettet in ihn das NSG Flottbektal.

Jenischpark

Der etwa 42 ha große Jenischpark ist mehr als 200 Jahre alt. Ursprünglich war er eine private Parkanlage. Heute ist der Landschaftspark bei Ausflüglern beliebt, die vor allem seine uralten Baumbestände, die Art der Wegführung und die Museen und Cafés schätzen.

Von hier sind es nur noch wenige Schritte bis zum Platz am Fähranleger von Teufelsbrück, dem Ziel dieser Wanderung.

Blick von Steinwerder auf den Michel

❼ Elbuferweg II   ☋ ✗ 🏛 WC

Tour für Liebhaber von Seefahrt und Schiffen   👪 👪 🛝 🛝 🐕 🐕

Die einfache Wanderung führt Sie fast auf der gesamten Länge dicht am Elbufer entlang. Die langsam vorbeigleitenden Containerriesen und kleineren Schiffe bieten ein spektakuläres Bild und vermitteln einen Eindruck von der modernen Seefahrt. Und mit etwas Glück können Sie sogar Schweinswale entdecken. Seit einigen Jahren sind diese sympathischen Meeressäuger wieder in der Elbe auf Nahrungssuche und wagen sich sogar bis in die Hafenbecken vor.

➔   Start: Teufelsbrück, GPS N 53°32.842' E 009°51.804';

       Ziel: S-Bahnhof Wedel, GPS N 53°34.903' E 009°42.281'E

➲   14,5 km

⧗   3 Std. 30 Min.

↑ ↓   auf der ganzen Strecke nur unwesentliche An- und Abstiege

⇧   0-20 m

✎   blaues Signet mit dem Schriftzug Elbuferweg, gelber Richtungspfeil, stellenwei-
       se stilisierte Jakobsmuschel für den parallel verlaufenden Jakobsweg sowie ein
       weißes Kreuz auf schwarzem Grund, darüber hinaus Wanderwegweiser, z.T. mit
       Kilometerangaben

☋   Es gibt zahlreiche Bänke in z.T. kurzen Abständen und mehrere schöne Rast-
       möglichkeiten, auch direkt am Sandstrand. Besonders erwähnenswert sind die
       Rastmöglichkeiten am Strand bei Blankenese (km 4,4), am Falkensteiner Ufer
       (km 6,4) sowie am Elbhöhenweg bei Wedel (km 11,5).

✗   zahlreiche Einkehrmöglichkeiten vom Imbiss bis zum Sterne-Restaurant entlang
       des gesamten Weges (viele sehr hochpreisig)

WC   am Start, am Jollenhafen Mühlenberg (km 2,8), am Imbiss Strandkiste (km 7,7)
       und an der Seniorenwohnanlage Graf Luckner Haus (km 11,6) - teilweise
       Benutzungsgebühr von € 0,50

👪   Spielmöglichkeiten für Kinder an den Sandstränden

🛝   eine kurze Passage mit Stufen

🐕   Hunde sind auf den meisten Abschnitten an der kurzen Leine zu führen. Große
       Hundeauslaufzonen gibt es kurz nach dem Start (km 0,6), bei km 2, km 2,3 und

km 5,5. Wer nicht möchte, dass sein Hund aus der Elbe trinkt, sollte Wasser und ein Trinkgefäß mitnehmen.

🚌 am Start zahlreiche HVV-Buslinien, u.a. zum Bahnhof Altona; Haltestelle Elbuferweg (km 2,9): Linie 49 zur S-Bahn Blankenese; Haltestelle Blankenese Fähre (km 4,1): Linie 48 zur S-Bahn Blankenese; Haltestelle Tinsdaler Weg (km 10): Linie 189 zur S-Bahn Blankenese und S-Bahn Wedel; Haltestelle Schulau Fähre (km 12,9): Linie 594 zur S-Bahn Wedel (✋ nur sehr wenige Fahrten); am Ziel u.a. Buslinien zur S-Bahn Blankenese

🚈 am Ziel S1 über Altona zum Hauptbahnhof und weiter bis Poppenbüttel

⛴ am Start Hafenfähre Linie 64 nach Finkenwerder

🅿 Parkmöglichkeit auf einem gebührenpflichtigen Parkplatz in der Baron-Voght-Straße 2

✋ *Eigentlich bietet es sich geradezu an, von den zahlreichen schönen Sandstränden aus in der Elbe zu baden, allerdings rät die Hamburger Umweltbehörde davon ab, da die Grenzwerte bakterieller Belastungen immer wieder überschritten werden. Darüber hinaus stellen die hohe Strömungsgeschwindigkeit der Elbe und der z.T. starke Sog und Schwell vorbeifahrender Schiffe ernste Gefahren dar.*

☺ *Der Weg ist die Fortsetzung des Elbuferweges von den St.-Pauli-Landungsbrücken bis Teufelsbrück (☞ Tour 6). Beide Touren zusammen sind 22,4 km lang.*

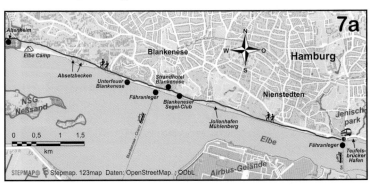

Sie beginnen die Wanderung an der Bushaltestelle auf dem großen Platz oberhalb des Schiffsanlegers Teufelsbrück und wandern auf dem Fußweg neben der Straße elbabwärts. Links voraus auf der anderen Seite der Elbe sehen Sie die Anlagen von Airbus. Wenn Sie Glück haben, können Sie eines der riesigen Transportflugzeuge, Belugas genannt, die ganze Flugzeugrümpfe von Hamburg nach Toulouse transportieren, bei Start oder Landung beobachten.

Airbus

Airbus, größter Flugzeughersteller Europas und zweitgrößter der Welt, ist eine Tochtergesellschaft der EADS. Das Werk in Finkenwerder bietet Arbeitsplätze für mehr als 10.000 Menschen aus Hamburg und Umgebung. Hier findet z.B. die Endmontage für die Flugzeuge A318, A319, A320 und A321 statt. Auch der A380 wird hier lackiert, ausgestattet und ausgeliefert.

Fachwerkhaus am Geesthang in Blankenese

Sie gehen auf dem breiten Fußweg weiter, passieren einige Imbisse und Restaurants sowie mehrere Hundeauslaufzonen und erreichen den Jollenhafen Mühlenberg. Langsam nähern Sie sich Blankenese mit zahlreichen kleinen und großen Villen.

Blankenese

Der Stadtteil Blankenese gehört zum Bezirk Altona und ist eine der teuersten Wohngegenden der Hansestadt. Die zum Teil sehr schönen alten Häuser sind direkt am steilen Geesthang gebaut.

Sie passieren den Jachthafen des Blankeneser Segel-Clubs. Auf der gegenüberliegenden Seite der Elbe sehen Sie den mächtigen Schwerlastkran der Sietas Werft (☞ Tour 16). Am Strandhotel Blankenese vorbei gelangen Sie an den Zugang zum Fähranleger Blankenese. Von hier können Sie mit einer Fähre der Hadag auf die andere Elbseite übersetzen. Der sich elbabwärts erstreckende feine Sandstrand bietet sich für eine Rast geradezu an.

 Hadag Seetouristik und Fährdienst AG, St. Pauli Fischmarkt 28, 20359 Hamburg, ☎ 040/311 70 70, 🖥 www.hadag.de. Die Fähre verkehrt von Ende März bis Anfang Okt täglich etwa jede Stunde, im Winter sonntags kein Verkehr. Den aktuellen Fahrplan finden Sie im Internet.

Den Elbhang aufwärts erstreckt sich das Treppenviertel Blankeneses mit schmalen steilen Gassen und zahlreichen verwinkelten Treppenwegen. Sie setzen die Wanderung auf dem Uferweg fort und kommen zum rot-weiß gestrichenen Unterfeuer Blankenese, das Sie auf einem gepflasterten Weg erreichen können. Der Elbuferweg führt am Seezeichen vorbei. Voraus sind schon die beiden großen Schornsteine des Kraftwerks Wedel zu sehen und mitten in der Elbe die Insel Neßsand, die seit 1952 Naturschutzgebiet ist und bis auf wenige Bereiche nicht betreten werden darf.

Nur wenig weiter erreichen Sie ein schönes, zum Wasserwerk Baursberg gehörendes Backsteingebäude und dahinter zwei ehemalige Absetzbecken, die 2010 naturnah umgebaut wurden.

Im Anschluss an die Absetzbecken erstreckt sich wieder ein schöner Sandstrand elbabwärts. Der Elbuferweg führt am Campingplatz Elbe

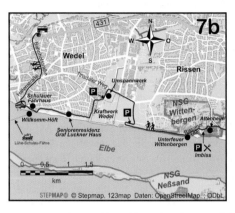

Camp vorbei und zweigt an einem Altersheim links in die Straße Rissener Ufer ab.

Dahinter wandern Sie am NSG Wittenbergen entlang, das sich noch ein ganzes Stück elbabwärts erstreckt, und erreichen an einem großen Parkplatz einen Imbiss.

Der Geesthang bildet hier wie ein natürliches Amphitheater einen Halbkreis, mittendrin liegt ein kleiner Teich. Hier betreten Sie das Naturschutzgebiet.

NSG Wittenbergen

Das NSG Wittenbergen liegt im Hamburger Stadtteil Rissen, direkt am Elbufer. Nach einer Erweiterung des Gebietes im Jahre 2010 ist das NSG heute etwa 67 ha groß. Landschaftlich ist es einerseits von der Nähe zur Elbe geprägt, andererseits aber auch von einer Heideland-schaft, die etwas höher am Geesthang liegt. Eichenkrattwälder und Binnendünen befinden sich in dem Gebiet. Am Elbufer hingegen lie-gen die regelmäßig überfluteten Elbwiesen, die einige seltene Pflan-zenarten beherbergen, z.B. die Schachblume.

Der Wanderweg führt zum Unterfeuer Wittenbergen, eine markante Landmarke an der Elbe. Hier zweigen ein Wanderweg nach Wedel sowie der Elbhöhenweg ab. Sie halten sich links und bleiben weiter auf dem Elbuferweg. Voraus taucht bald das riesige Kohlekraftwerk Wedel auf.

Kraftwerk Wedel

Das Heizkraftwerk Wedel wurde 1961-1965 von der Firma Hamburgische Electricitäts-Werke (HEW) gebaut. Heute gehören die HEW und das Kraftwerk dem Unternehmen Vattenfall. Die zwei Schornsteine des HKW sind 151 m hoch und schon von Weitem zu erkennen. Das Kraftwerk erzeugt im Jahr etwa 1.200 GWh Strom und Wärme, was für etwa 240.000 Haushalte ausreicht. Als Brennstoff wird hauptsächlich Steinkohle verwendet.

Unterfeuer Wittenbergen

Hier gehen Sie wenige Stufen den Geesthang hinauf. Oben angekommen müssen Sie sich damit abfinden, dass Sie wegen Bauarbeiten den eigentlichen Wanderweg nicht nutzen können und um das Kraftwerksgelände herum umgeleitet werden. Da die Bauarbeiten längere Zeit andauern werden und bei Drucklegung des Buches noch nicht bekannt war, wann der eigentliche Weg wieder begehbar ist, wird hier die Umleitungsstrecke beschrieben.

Sie gehen nach rechts über den Parkplatz und folgen hinter dem Parkplatz der Straße nach links. Am Ende der Straße gehen Sie links in den Tinsdaler Weg und bei der nächsten Möglichkeit an einem großen Autohaus erneut links. Sie passieren ein Umspannwerk und erreichen den Parkplatz vom Kraftwerk. Hier treffen Sie wieder auf die eigentliche Route. Sie gehen dort rechts auf einem schmalen Fußweg bis an den Rand eines Wohngebietes, wo Sie sich nach links wenden. Sie befinden sich jetzt auf dem Elbhöhenwanderweg und gehen wieder Richtung Elbe. Schon bald haben Sie einen wunderbaren Blick über die Elbe bis weit nach Niedersachsen hinein.

In einer 90-Grad-Kurve führen Stufen abwärts, halten Sie sich hier rechts und bleiben Sie auf dem Höhenweg, der immer wieder faszinierende Ausblicke bietet. Die vielen Bänke entlang des Weges laden zu einer Rast ein.

Kreative Sitzmöbel am Elbuferweg

Der Wanderweg führt direkt durch die schön gelegene Seniorenwohnanlage Graf Luckner Haus, führt dahinter sanft abwärts und schließlich über Stufen wieder hinunter an das Ufer der Elbe. Sie folgen dem Weg und erreichen in kurzer Zeit das Schulauer Fährhaus mit der Schiffsbegrüßungsanlage Willkomm-Höft. Hier können Sie im

Fährhaus oder auf den zahlreichen Bänken entlang der Rasenflächen rasten und dabei sein, wenn Schiffe aus aller Herren Länder begrüßt bzw. verabschiedet werden.

Schulauer Fährhaus und Willkomm-Höft

Die Schiffsbegrüßungsanlage Willkomm-Höft ist seit 1952 am Schulauer Fährhaus eingerichtet. Jedes Schiff, das in den Hamburger Hafen einfährt oder diesen verlässt, wird hier persönlich begrüßt bzw. verabschiedet. Bei großen Schiffen wird sogar die Nationalhymne des jeweiligen Heimatlandes gespielt. Besucher erhalten über Lautsprecher außerdem verschiedene Informationen zu den Schiffen, z.B. Name, Nationalität und technische Daten.

✗ Schulauer Fährhaus, Parnastraße 29, 22880 Wedel, ☎ 04 10/39 20 00, 💻 www.schulauer-faehrhaus.de, 🕐 Mo-So 11:00-23:00

Vom Anleger verkehrt eine Fähre auf die andere Elbseite nach Lühe (☞ Touren 17 und 18).

🚢 Lühe-Schulau-Fähre, Carl-von-Ossietzky-Weg 41, 21684 Stade, ☎ 041 41/78 86 67, 💻 www.luehe-schulau-faehre.de. Die Fähre verkehrt vom 1. April bis 31. Okt täglich, im Winter nicht Sa und So.

Vom Willkomm-Höft wandern Sie weiter den Strandweg entlang zur Bushaltestelle Schulau Fähre. Ein Blick auf den Fahrplan zeigt, das bei den sehr wenigen Abfahrten (am Wochenende nur eine einzige Abfahrt abends um 20:00 Uhr) die Chance gering ist, mit dem Bus zur S-Bahn zu gelangen. Aber der Weg zur Bahn ist nicht mehr weit.

Sie wandern daher auf dem Strandweg weiter und biegen bei der ersten Gelegenheit rechts in die Hafenstraße ab. Nach 600 m biegen Sie links in die Bahnhofstraße ab, auf der Sie nach etwa 850 m entlang zahlreicher Geschäfte, Cafés und Restaurants den S-Bahnhof Wedel erreichen.

❽ Boberger Dünen   ⻌ ≋ WC

Tour für Naturliebhaber

Die Rundtour, die eine Kombination mehrerer kürzerer Wanderwege ist, führt durch das NSG Boberger Niederung, das zu den schönsten und vielseitigsten Naturschutzgebieten der Hansestadt zählt. Die Wanderung führt Sie durch so unterschiedliche Landschaftstypen wie Heiden und Dünen, Marsch und Geest. Auf der gesamten Strecke gibt es mehrere schöne Rastmöglichkeiten und zahlreiche Bänke laden zu einer Pause ein.

↻	Start/Ziel: S-Bahnhof Mittlerer Landweg , GPS N 53°29.853' E 010°07.937'
➲	14,5 km
⧖	3 Std. 30 Min.
↑↓	40 m/40 m
⇧	5-40 m
⻌	Picknickgelände an der Boberger Furt (km 6,7) und am Naturschutz-Informationshaus (km 11,7)
✕	Es gibt keine Einkehrmöglichkeit am Weg, Verpflegung sollte mitgenommen werden. Gegen eine Spende erhalten Sie im Naturschutz-Informationshaus Kaffee, Tee und Wasser (km 11,7).
WC	Badestelle Boberger See (km 4,6, nur im Sommer), Naturschutz-Informationshaus (km 11,7)
≋	Badestelle am Boberger See (km 4,6)
👪	Die Tour ist auch für Familien mit Kindern gut geeignet, die an der Badestelle am Boberger See plantschen und im Sand der großen Düne spielen können.
🛒	Für Buggys sind die sandigen Abschnitte ungeeignet. Auch die steilen Auf- und Abstiege am Geesthang, teilweise mit Stufen, sind nur schwer zu bewältigen.
🐕	Hunde sind auf dem ganzen Weg an kurzer Leine zu führen. Wer nicht möchte, dass sein Hund aus der Bille oder dem Boberger See trinkt, sollte Wasser und ein Trinkgefäß mitnehmen.
🚌	am Start/Ziel Buslinien 221, 230, 321 und 330
🚆	am Start/Ziel S-Bahn-Linien S2 oder S21

P   Wer mit dem Pkw anreisen will, findet unmittelbar am Bahnhof einen Park&Ride-
         Platz.

☺   *Nehmen Sie im Sommer bei gutem Wetter Badesachen mit.*

Sie verlassen den Bahnhof nach links und wandern auf dem Fußweg
bis zum Ende des Mittleren Landwegs, wo Sie an einen Kreisverkehr
stoßen. Sie gehen geradeaus über die extra für Reiter angelegte Brücke
über die Bille.

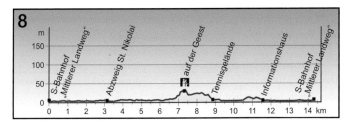

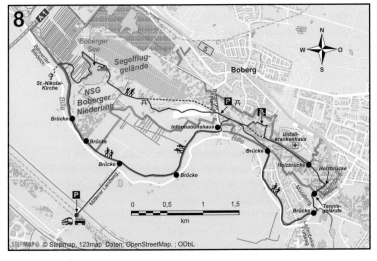

Bille

Die Bille gehört zu den größeren Flüssen auf Hamburger Stadtgebiet. Sie entspringt bei Trittau im Südosten Schleswig-Holsteins und mündet nach 65 km (davon 23 km auf Hamburger Gebiet) in die Elbe. Besonders im Bereich des Naturschutzgebietes ist der Fluss stellenweise noch urwüchsig, mit weit überhängenden Bäumen.

Über die Grenzen der Hansestadt hinaus bekannt geworden ist das Fließgewässer auch durch ein Hamburger Traditionslied: „Anne Alster, anne Elbe, anne Bill, da kann jeden eenen moken wat he will".

Hinter der Brücke gehen Sie nach links und wandern nun am südlichen Rand des NSG Boberger Niederung entlang.

NSG Boberger Niederung

Das etwa 350 ha große NSG Boberger Niederung zählt zu den schönsten Naturschutzgebieten der Hansestadt. Mit der bis zu 30 m hohen Geest im Norden und Nordosten, den mächtigen Binnendünen und Heiden im Zentrum, dem Achtermoor als Rest einer Randmoorzone im Westen und der Marsch im Süden verfügt es über eine Vielfalt und Unterschiedlichkeit an Biotoptypen, die für Hamburg einmalig ist. Dementsprechend groß ist auch die Anzahl der verschiedenen Pflanzen- und Tierarten, darunter zahlreiche seltene und gefährdete Spezies.

🛈   Naturschutz-Informationshaus Boberger Niederung, Boberger Furt 50, 21033 Hamburg, ☎ 040/73 93 12 66, 🕐 Di bis Fr 9:00-13:00, So und Fei 11:00-17:00. Die Wanderung führt direkt am Informationshaus vorbei.

Der Wanderweg verläuft unmittelbar am rechten Ufer der Bille. Auf einer Holzbrücke überqueren Sie den Fluss und wechseln wenige hundert Meter weiter über eine Fußgängerbrücke erneut an das rechte Ufer. Hinter dieser Brücke halten Sie sich links.

Auf der anderen Seite des Flusses ist der Kirchturm der Billwerder Kirche St. Nikolai zu sehen. Sie wandern bis zum Ende des Weges. Nach links führt eine Brücke über die Bille zur Straße Billwerder Billdeich.

✍ Hier können Sie einen Abstecher zur Nikolaikirche machen (etwa 500 m für Hin- und Rückweg).

✙ **St. Nikolai**

Die sehenswerte barocke Kirche mit ihrem weithin sichtbaren Turm wurde 1911–1913 errichtet, nachdem der Vorgängerbau bis auf die Umfassungsmauern niedergebrannt war. Sie steht an einer Stelle, an der urkundlichen Erwähnungen zufolge bereits seit dem 13. Jh. Kirchen gestanden haben.

Barockkirche St. Nikolai

Der Wanderweg führt an dieser Stelle nach rechts und verläuft bald durch einen aus Bäumen und Sträuchern gebildeten natürlichen Tunnel. Etwas später überqueren Sie den kleinen Graben, der links vom Weg verläuft. Hier heißt es aufpassen: Der Hauptweg geht geradeaus weiter, Sie biegen aber rechts auf einen Pfad ab, der rechts am Rand einer großen Wiese vorbeiführt.

Am Ende der Wiese gabelt sich der Weg. Sie gehen links und gelangen an der Südwestecke des Boberger Sees auf einen breiten asphaltierten Weg.

Boberger See

Der von Grundwasser gespeiste, gut 7 ha große Baggersee entstand in den 1950er-Jahren durch Kiesabbau. Am Nordostufer, der Wanderweg führt direkt daran vorbei, befindet sich eine unbeaufsichtigte Badestelle mit Sandstrand und Liegewiese. Bakteriologische Untersuchungen in den letzten Jahren haben gezeigt, dass die Qualität des Badewassers ausgezeichnet ist.

Badestelle am Boberger See

Etwa 30 m weiter zweigt rechts ein schmaler Pfad ab, der direkt am Ufer durch schönen Laubwald führt und schließlich wieder auf den Asphaltweg mündet, der um einen Ausläufer des Sees herumführt. Am nordwestlichsten Ende des Sees stoßen Sie auf eine größere Wegkreuzung, an der Sie rechts gehen. Direkt links liegt die Start- und Landebahn des Segelflugplatzes. Hier haben zwei Segelfliegervereine ihre Heimat. Wer Lust hat, kann die wenigen Meter bis an den Zaun gehen und den Segelfliegern bei Start und Landung zusehen.

Sie wandern weiter, bis Sie am Nordostufer auf die Badestelle stoßen. Im Sommer finden Sie hier ein geöffnetes Toilettenhäuschen. Gleich hinter der Badestelle befindet sich eine Notrufsäule.

Der Wanderweg führt weiter auf die Ostseite des Sees und wendet sich dann in einer Linkskurve in östliche Richtung. Bald darauf gelangen Sie an eine Abzweigung nach rechts, an der zahlreiche Wanderwegweiser stehen. Wenn Sie nach rechts gingen, kämen Sie nach 2,3 km zur S-Bahn-Haltestelle Mittlerer Landweg. Gehen Sie hier weiter geradeaus.

Auf der rechten Seite öffnet sich nun eine liebliche Heide- und Dünenlandschaft. Etwa 350 m hinter der Abzweigung stoßen Sie auf eine Bank direkt in der Heide. Hier biegen Sie nach rechts auf einen Pfad ab, der durch die Heide führt.

☺ 🛒 Wer mit einem Buggy unterwegs ist oder nicht durch stellenweise tiefen Sand wandern möchte, kann hier weiter geradeaus gehen. An der Straße Boberger Furt trifft der befestigte Weg wieder auf den Wanderweg.

Die Binnendünen bieten gute Rastmöglichkeiten

Sie folgen dem Pfad in einiger Entfernung vorbei an Dünen, kreuzen einen Reitweg und gleich dahinter einen Asphaltweg. Der Wanderweg führt geradeaus weiter mitten über eine große Düne. Hier kann man sich im lockeren Sand zu einem Picknick niederlassen.

Am Ende der Düne treffen Sie wieder auf den befestigten Wanderweg, überqueren gleich darauf die Straße Boberger Furt und gehen zum Ende des Parkplatzes, vorbei an dem weitläufigen Picknickgelände mit Tischen und Bänken auf der linken Seite.

Hinter dem Parkplatz gehen Sie auf dem breiten Wanderweg durch dichten Laubwald, laufen an einer Rechtsabzweigung vorbei und halten sich an einer Gabelung knapp 100 m weiter links. Nach weiteren etwa 150 m gelangen Sie an eine Wegkreuzung mit Wanderwegweisern. Hier gehen Sie nach links den Geesthang aufwärts und biegen nach etwa 100 m wieder rechts ab. Knapp 50 m weiter führt links ein Pfad steil aufwärts zu einem schönen Aussichtspunkt mit einer Bank. Von hier aus können Sie weit über das flache Marschland nach Süden schauen.

☺ 👶 Wer mit einem Buggy unterwegs ist, kann den steilen Anstieg vermeiden. Dazu biegen Sie an der Kreuzung mit den Wanderwegweisern nicht links ab, sondern bleiben weiter geradeaus auf dem Weg. Nach knapp 300 m stößt dieser Weg an einer Kreuzung wieder auf den beschriebenen Wanderweg.

Marsch und Geest

Als Marschen bezeichnet man das flache Schwemmland der norddeutschen Küsten und Flüsse, das auf Höhe des Meeresspiegels oder nur wenig darüber liegt. Die Marschen, die erst nacheiszeitlich entstanden sind, gehören geologisch zu den jüngsten Landschaftsformen. Die Geestlandschaften sind dagegen älter. Sie sind durch Sandablagerungen während der letzten Eiszeiten entstanden. Die Geest liegt grundsätzlich höher als die Marsch und ist in der Regel hügelig.

Vom Aussichtspunkt wandern Sie in westlicher Richtung auf dem Weg weiter und biegen an der nächsten Möglichkeit scharf rechts ab. Über breite Stufen steigen Sie den Geesthang wieder hinab und kommen am Ende der Stufen an eine Wegkreuzung, an der Sie sich links halten. Sie wandern jetzt für etwas mehr als 1 km durch dichten Laubwald und vorbei am eingezäunten Gelände des Boberger Unfallkrankenhauses, überqueren auf einer Holzbrücke einen Bach und gelangen schließlich an die Ladenbek, über die ebenfalls eine Holzbrücke führt. Unmittelbar vor der Brücke gehen Sie auf dem Wanderweg rechts abwärts, bis Sie auf ein Tennisgelände stoßen. Durch das Gelände erreichen Sie die Straße Moosberg, auf der Sie nach links wenige Meter bis zur Straße Ladenbeker Furtweg gehen.

Sie laufen nach rechts, überqueren die Bille und gehen gleich hinter der Brücke rechts auf einen schönen Wanderweg, der die nächsten 1,5 km immer am Ufer des Flusses entlangführt, bis Sie auf einer Brücke erneut die Bille überqueren und wieder in das NSG gelangen.

Gleich hinter der Brücke halten Sie sich links und wandern jetzt durch offene Landschaft mit einigen eingestreuten Birken und Trockenrasen. Der Wanderweg führt auf einen schon vom Hinweg bekannten Abschnitt. Sie wandern weiter geradeaus, biegen aber an der nächsten Möglichkeit schon wieder links ab. Der Wanderweg mündet in die Straße Boberger Furtweg. Auf der anderen Straßenseite finden Sie das Naturschutz-Informationshaus.

Sie verlassen das Infozentrum neben der Straße Richtung Süden und biegen noch vor der Bille rechts auf den Billewanderweg ab. Nach knapp 1 km entlang der idyllischen Bille erreichen Sie eine Brücke über den Fluss. Hier gehen Sie noch weiter geradeaus, überqueren aber nach etwa 800 m an der nächsten Brücke den Fluss und wandern an der schon vom Hinweg bekannten Straße bis zum Ausgangspunkt der Tour zum S-Bahnhof „Mittlerer Landweg".

Südlich der Elbe

Fleeth in der Speicherstadt...

21.5.18 Keine schöne Tour

⑨ Jakobsweg: St. Jacobi - Harburg

ᚦ ✕ 🏛 ✝ ⌘

Tour für Pilgerfreunde und Liebhaber von Häfen und historischen Bauten

👫 🚶 🐕

Die Wanderung auf dem Jakobsweg von St. Jacobi nach Harburg führt zunächst durch städtisches Gelände, durch die historische Speicherstadt und durch die neu gebaute Hafencity auf die Elbinsel Wilhelmsburg, von wo der Weg weiter durch mehr oder weniger naturnahes Gelände und Wohnbebauung bis zur Süderelbe führt, die Sie auf einer historischen Brücke überqueren. In Harburg, Hamburgs südlichstem Bezirk, führt der Jakobsweg durch den Binnenhafen bis zur Lämmertwiete, eine der ältesten und schönsten Straßen Hamburgs. Das Ende der Wanderung haben Sie kurz darauf am geschäftigen Harburger Wochenmarkt erreicht.

→   Start: St. Jakobi, GPS N 53°33.015' E 010°00.087';
        Ziel: S-Bahn Harburg-Rathaus, GPS N 53°27.652' E 009°58.818'

⟳   14,9 km

⧗   3 Std. 45 Min.

↑↓   auf der ganzen Strecke nur unwesentliche An- und Abstiege

⇧   0-10 m

✎   in kurzen Abständen gelbe stilisierte Jakobsmuschel auf blauem Grund

ᚦ   Rastmöglichkeit an der Baakenhafenbrücke (km 1,6), Park in Kirchdorf
        (km 10,3), Badestelle Finkenriek (km 11,7)

✕   mehrere Einkehrmöglichkeiten an Start und Ziel sowie unterwegs

🚶   besonders zu Beginn zahlreiche Treppen

🐕   Wanderer mit Hund sollten Wasser und ein Trinkgefäß mitnehmen.

🚌   am Start S-Bahn S3 und S31 Richtung Harburg; S-Bahnhof Veddel (BallinStadt)
        (km 4,9): S3 und S31 Richtung Hauptbahnhof und Harburg; am Ziel S3 und S31
        Richtung Hauptbahnhof

🅿   längere Parkmöglichkeiten nur in Parkhäusern der nahen Kaufhäuser, auf
        Dauer sehr teuer

✋   *Im Bereich der Hafencity wird zurzeit viel gebaut. Hier müssen Sie mit Umleitungen und Abweichungen von der beschriebenen Strecke rechnen.*

✋   *Die beliebte Badestelle Finkenriek bietet sich eigentlich nicht nur zum Sonnenbaden an. Bei warmem Wetter lockt auch ein Bad in der Elbe. Allerdings rät die Hamburger Umweltbehörde davon ab, da die Grenzwerte bakterieller Belastungen immer wieder überschritten werden und die hohe Strömungsgeschwindigkeit der Elbe und der z.T. starke Sog vorbeifahrender Schiffe ernste Gefahren darstellen.*

✝   St. Jacobi

Die St.-Jacobi-Kirche ist eine der fünf Hauptkirchen Hamburgs. Bereits im 13. Jh. entstand am mittelalterlichen Pilgerweg von Lübeck nach Hamburg die Kapelle St. Jacobi. Seit dieser Zeit ist sie Pilgerkirche. Der Hauptteil der Kirche wurde im 14. Jh. erbaut. Zahlreiche Um- und Anbauten sowie die weitreichende Zerstörung des Gebäudes im Zweiten Weltkrieg veränderten die Kirche erheblich. Dennoch sind immer noch Teile des ursprünglichen Gebäudes vorhanden, was die Kirche zu einem der wenigen aus dem

Pilgerwegweiser an der Jacobikirche

Mittelalter erhaltenen Bauten im Stadtzentrum Hamburgs macht. Die Kirche beherbergt neben mehreren schönen mittelalterlichen Altären auch die berühmte Arp-Schnitger-Orgel von 1693. Mit 4.000 Pfeifen ist sie die größte erhaltene Barockorgel in Nordeuropa.

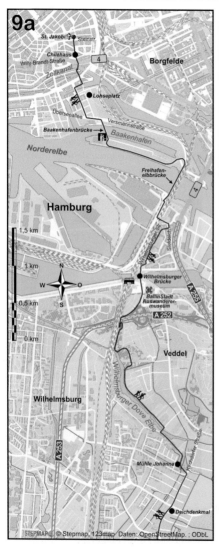

Jakobsweg

Es gibt verschiedene Möglichkeiten für Pilger, nach Santiago zu kommen. Auch durch Hamburg führen zwei verschiedene Jakobswege. Die hier beschriebene Route verläuft über Harburg nach Hittfeld und weiter durch die Heide südwärts. Der andere Pilgerweg verläuft zunächst Richtung Westen entlang der Elbe bis Wedel (☞ Touren 6 und 7), dort über die Elbe zum Lühe-Anleger und weiter über Horneburg nach Bremen (☞ Tour 17).

Sie beginnen Ihren Pilgerweg auf dem Platz an der Ostseite der Jakobikirche. Hier zeigen Wegweiser zu den wichtigsten Pilgerorten, u.a. nach Santiago de Compostela, dem Ziel vieler Jakobspilger. Und bis dahin sind es nur noch 2.500 km.

Sie gehen an der Fußgängerampel über die Steinstraße in die Mohlenhofstraße und weiter bis zum Chilehaus.

⌘   Chilehaus

Das Chilehaus ist das erste Gebäude, das im sogenannten Kontorhaus-viertel erbaut wurde. Der Architekt F. Höger entwarf das expressionis-tische Gebäude, das 1922-1924 errichtet wurde.

Sie gehen durch den großen Torbogen am Chilehaus, nutzen dahin-ter den U-Bahnhof Messberg, um die breite, verkehrsreiche Willy-Brandt-Straße zu unterqueren, und kommen am Ausgang „Deichtorhal-len" wieder ans Tageslicht. Über den Wandrahmstieg überqueren Sie den Zollkanal und befinden sich dahinter in der historischen Speicher-stadt, die für sich schon einen Besuch wert ist.

Nur wenige Meter weiter stehen Sie auf der Poggenmühlenbrücke, die über den Wandrahmfleet führt. Von hier haben Sie einen wunderba-ren Blick nach Westen auf die Speicherstadt mit dem zwischen zwei Fleeten liegenden Restaurant Wasserschloß und können links dahinter die neue Elbphilharmonie sehen.

Speicherstadt

Ehemals als größter zusammenhängender Lagerhauskomplex der Welt erbaut, ist die Speicherstadt (📷 S. 70-71) heute eines der beliebtesten Hamburger Ausflugsziele für Einheimische und Touristen. Neugoti-sche Backsteingebäude mit verschnörkelten Türmen und Giebeln sowie zahlreiche Fleete bilden das Ambiente für eine Vielzahl an Akti-vitäten. Erbaut wurden die ersten auf Eichenpfählen stehenden Lager-hallen Ende des 19. Jh. Damals dienten sie als Lager für Waren wie Kaffee, Tee und Gewürze. Heute beherbergen die Lagerhallen die ver-schiedensten Attraktionen, u.a. das Miniaturwunderland, den Hamburg Dungeon, Dialog im Dunkeln, das Internationale Maritime Museum, das Gewürzmuseum und das Speicherstadtmuseum. 14 der 20 Brücken in der Speicherstadt stehen übrigens unter Denkmalschutz.

Hinter der Poggenmühlenbrücke überqueren Sie die Straße Brooktor-kai, wo Sie die Speicherstadt wieder verlassen und in die östliche Hafen-city mit zahlreichen, teilweise futuristisch anmutenden Neubauten gelangen. Ein starker Kontrast zu den historischen Backsteingebäuden der Speicherstadt. Hier liegt das Gelände des ehemaligen Hannoverschen Bahnhofs, von dem in den Jahren 1940-1945 Tausende Juden, Sinti und Roma in die Vernichtungslager deportiert wurden. Für 2015 ist hier am Lohseplatz die Eröffnung eines Informations- und Dokumentationszentrum mit einer Dauerausstellung unter dem Titel „In den Tod geschickt" geplant.

Sie wandern weiter südwärts und stoßen auf die Überseeallee. Hier gehen Sie links und wenig weiter an der U-Bahn-Station Hafen City Universität rechts über die neu gebaute Baakenhafenbrücke. Zahlreiche Sitzgelegenheiten bieten sich für eine Rast an und auf der Südseite der Brücke lockt ein Aussichtsturm, ein sogenannter Viewpoint, mit schönem Blick über den Hafen.

Zwischen Norderelbe rechts und Baakenhafen links wandern Sie nun ostwärts auf die Norderelbbrücken zu.

Sie überqueren die Norderelbe auf einem Fußweg auf der Freihafenelbbrücke und folgen dahinter den Wegweisern, die Sie schließlich nach links zu einer Unterführung unter den Gleisen bringt. Dahinter verlassen Sie den ehemaligen Freihafen, gehen rechts in die Straße Sieldeich und gleich wieder rechts in die Wilhelmsburger Straße.

Dieser folgen Sie bis zum Wilhelmsburger Platz und überqueren dort die Verbindung zwischen Müggenburger Zollhafen und Spreehafen auf der Wilhelmsburger Brücke. Auf der anderen Seite finden Sie rechts den S-Bahnhof Veddel (BallinStadt) und links im BallinPark das Auswanderermuseum BallinStadt.

⌘ BallinStadt

Das Erlebnismuseum BallinStadt thematisiert die Geschichte der Auswanderungen in die Neue Welt von 1850 bis 1934. Drei der ehemaligen Auswandererhallen auf der Veddel wurden originalgetreu wieder aufgebaut und dienen heute als Ausstellungsräume. Hier können sich Besucher ausführlich informieren und die Geschichte der Auswanderer, für die Hamburg im wahrsten Sinne des Wortes das „Tor zur Welt" war, interaktiv nacherleben.

♦   Auswanderermuseum BallinStadt, Veddeler Bogen 2, 20539 Hamburg,
☎ 040/31 97 91 60, 🖳 www.ballinstadt.de, 🚩 Nov bis März täglich 10:00-16:30,
April bis Okt bis 18:00, Eintritt Erwachsene € 12, Kinder (bis 12 Jahre) € 7

Sie wandern auf einem breiten Fuß-/Radweg weiter, vorbei am Kleingartenverein Hoffnung, und gehen an seinem Ende, noch vor den Gleisen, rechts die Rampe aufwärts, um auf einer Brücke die A252 zu überqueren. Hinter der Brücke laufen Sie auf der Rampe abwärts und halten sich unten angekommen rechts. Vorbei an einem kleinen, mit Seerosen bewachsenen Teich erreichen Sie die Wilhelmsburger Dove Elbe. Halten Sie sich an der Fußgängerbrücke, die nach rechts führt, links. Sie folgen dem Weg, der zunächst von dem Gewässer wegführt, durch einen schönen Laubwald, kommen aber bald wieder an das Ufer der Dove Elbe.

Wilhelmsburger Dove Elbe

Knapp 1 km weiter gehen Sie rechts auf einer Fußgängerbrücke über das Gewässer und dahinter gleich links. Sie folgen der Straße, bis Sie zur Wilhelmsburger Mühle Johanna kommen.

⌘　Mühle Johanna

Die Windmühle Johanna wurde 1875 erbaut. Sie gilt als bedeutendste Windmühle Hamburgs und wurde bis in die 1960er-Jahre zum Mahlen von Korn verwendet. Es ist die fünfte Mühle, die seit 1582 an dieser Stelle errichtet wurde.

Sie gehen an der Mühle vorbei und biegen am Ende der Straße rechts in die Kirchdorfer Straße ein, auf der Sie das Denkmal für die Eindeichung Wilhelmsburgs und für die Opfer der Sturmflut von 1962 passieren. Sie gehen auf der Straße, die dann zu einer Spielstraße wird, weiter und gelangen an das Museum der Elbinsel Wilhelmsburg.

⌘　Museum Elbinsel Wilhelmsburg

Das Museum befindet sich im denkmalgeschützten Wilhelmsburger Amtshaus, das 1724 erbaut wurde. Hier findet man vielfältige Informationen rund um die Elbinsel.

Kreuzkirche mit ehemaligem Küsterhaus in Kirchdorf

◆   Museum Elbinsel Wilhelmsburg, Kirchdorfer Straße 163, 21109 Hamburg,
     ☎ 040/31 18 29 28, 💻 www.museum-wilhelmsburg.de, 🗓 April bis Ende Okt
     jeden So 14:00-17:00 Uhr, Eintritt frei

Kurz darauf erreichen Sie die Kreuzkirche Kirchdorf, die mit Küsterhaus und Gasthaus Sohre ein schönes Bild abgibt. Das 1660 erbaute Küsterhaus, das der Kirchengemeinde als Büro dient, ist das älteste Haus in Wilhelmsburg. Sie folgen weiter der Kirchdorfer Straße, bis diese eine Rechtskurve macht. Dort gehen Sie geradeaus weiter auf einen Fußweg, der parallel zu einer größeren Straße durch einen Park in Kirchdorf führt. Hier finden Sie mehrere Möglichkeiten für eine Rast.

Sie wandern durch den Park, erreichen an seinem Ende das Callabrack, einen Teich, und gehen dort noch vor dem Erreichen der Hauptstraße rechts auf einen Pfad, der über eine Brücke an die Straße Am Callabrack führt. Dort gehen Sie rechts und gleich wieder links in die Straße Alter Deich. Am Ende überqueren Sie geradeaus die „Kornweide" und gehen kurz darauf rechts in den Friedhof Finkenriek.

Auf einem breiten Fußweg durchqueren Sie die parkähnliche Anlage und kommen dann an den Haupteingang am König-Georg-Deich.

Hier gehen Sie rechts und bei der nächsten Möglichkeit gleich wieder links. Am Ende gehen Sie auf den Elbdeich hinauf. Hinter dem Deich liegt die Badestelle Finkenriek, ein schöner, breiter Sandstrand an der Süderelbe unmittelbar neben den Elbbrücken. Ein schöner Platz für eine Rast.

Alte Harburger Elbbrücke

Sie wandern weiter rechts elbabwärts und unterqueren nacheinander die Eisenbahngleise, die A253, die „Brücke des 17. Juni" und die Zufahrt zur alten Harburger Elbbrücke. Dahinter halten Sie sich rechts, um auf die Zufahrt zu gelangen. Dort gehen Sie erneut rechts und wandern auf der sehenswerten alten Elbbrücke, die ausschließlich Fußgängern und Radfahrern vorbehalten ist, über die Süderelbe.

⌘ Alte Süderelbbrücke

Die alte Harburger Elbbrücke wurde ursprünglich für Fahrzeuge gebaut und war die erste Straßenbrücke über die Süderelbe. Die mehr als 460 m lange Stahlbogenbrücke wurde nach dreijährigem Bau 1899 von Kaiser Wilhelm II. eröffnet und überstand sogar die Bombenangriffe im Zweiten Weltkrieg, was sie zu einem der wenigen Gebäude Hamburgs macht, die älter als 100 Jahre sind. Die Portale aus Sandstein tragen die Wappen Wilhelmsburgs und Harburgs und sollen an alte Stadttore erinnern.

Hinter der Brücke halten Sie sich an der Bushaltestelle rechts und gehen auf der Nartenstraße weiter in den Harburger Binnenhafen. Sie laufen über eine Klappbrücke, passieren dahinter einen Beach Club und queren erneut einen Kanal auf einer Klappbrücke. Dahinter gehen Sie bei der nächsten Möglichkeit links, am Ende der Straße rechts und dann gleich in die Unterführung unter den Gleisen und der Buxtehuder Straße. Am anderen Ende erreichen Sie die Lämmertwiete, eine der schönsten Straßen Hamburgs mit historischen Fachwerkhäusern. Manche bezeichnen die kurze, kopfsteingepflasterte Gasse auch als „Schlemmertwiete", findet sich hier doch eine große Auswahl unterschiedlicher Lokalitäten.

Hier haben Sie nun fast das Ende der Wanderung erreicht. Um zur S-Bahn zu gelangen, gehen Sie die Neue Straße weiter aufwärts und an der Kirche St. Trinitatus mit ihrem alten Portal vorbei, biegen am Marktplatz links ein und am Ende des Platzes wieder rechts ab. Weiter geradeaus am Markt (⏱ Mo bis Sa 8:00-13:30) vorbei finden Sie in der Unterführung einen der Eingänge zum S-Bahnhof Harburg-Rathaus.

⑩ Von Maschen entlang der Seeve an die Elbe ⌒

Tour für Naturliebhaber

Die einfache Rundtour führt durch die untere Seeveniederung von Maschen nach Over zur Mündung der Seeve in die Elbe und zurück. Naturliebhaber können auf dieser Tour zahlreiche Kostbarkeiten entdecken: So ist z.B. in den feuchten Marschwiesen die im Mai blühende, vom Aussterben bedrohte Schachblume noch weitverbreitet. Der Bestand hier gilt als der größte in Deutschland. Auch Vogelliebhaber kommen auf ihre Kosten. Mit etwas Glück lassen sich z.B. Kiebitz, Bekassine, Uferschnepfe, Rotschenkel, Großer Brachvogel und zahlreiche weitere Wat- und Wiesenvögel beobachten. Das Gleiche gilt auch für Singvögel wie den Neuntöter oder die Rohrammer.

☺   *Auch wer sich für moderne Technik und Logistik interessiert, ist hier genau richtig. Auf der anderen Seite des Maschener Bahnhofes liegt der größte Rangierbahnhof Europas und der zweitgrößte der Welt. Einen guten Überblick haben Sie von der über die Gleisanlage führenden Brücke der Hörstener Straße. Gehen Sie dazu vom Bahnhof aus auf der Hörstener Straße nach rechts. Nach etwa 700 m haben Sie auf der Mitte der langen Brücke einen guten Aussichtspunkt gefunden.*

↻	Start/Ziel: Bahnhof Maschen, GPS N 53°24.260' E 010°03.936'
➲	10,8 km
⧗	2 Std. 45 Min.
↑ ↓	keine wesentlichen An- oder Abstiege
⇧	0-10 m
✎	keine Markierung
⌒	zahlreiche Bänke entlang des Weges, weitere schöne Rastplätze: Vogelbeobachtungshütte (km 2,1), Over Elbufer (km 6), Rastplatz Junkernfeldsee (km 9,2)
👪	Für Kinder bietet der Sandstrand an der Elbe gute Spielmöglichkeiten.
🐕	Wer nicht möchte, dass sein Hund aus Seeve oder Elbe trinkt, sollte Wasser und ein Trinkgefäß mitnehmen.

 Haltestelle Over/Am Junkernfeld (km 6,2): Linie 149 Richtung Harburg Bahnhof (🖐 So kein Verkehr, Sa nur drei Fahrten)

 gute Verbindung über Harburg (10 Min.) bis zum Hauptbahnhof (22 Min.) mit dem Regionalzug R30 im HVV-Tarif

🅿 Für Pkw stehen vor dem Bahnhof ausreichend Parkplätze zur Verfügung.

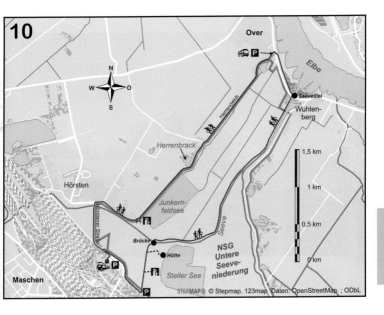

Die Tour beginnt am Bahnhof von Maschen. Sie gehen vorbei an den Parkplätzen zur Hörstener Straße, dort links und nach gut 100 m wieder rechts. Sie folgen der Straße bis zu einem kleinen Parkplatz am Naturschutzgebiet Untere Seeveniederung.

NSG Untere Seeveniederung

Das etwa 500 ha große NSG liegt etwas östlich von Maschen im Land-kreis Harburg. Als typischer Teil der Elbmarsch ist es vor allem durch großflächige Grünlandnutzung geprägt. Die hiesigen Niedermoore und

Feuchtwiesen beherbergen seltene Tier- und Pflanzenarten wie z.B. die vom Aussterben bedrohte und hier teilweise in Massen vorkommende Schachblume (*Fritillaria meleagris*). Aber auch andere gefährdete Pflanzen wie der Wiesen-Knöterich oder die Sumpfdotterblume kommen im NSG vor.

Die Seeve

Dort gehen Sie links auf die für Kfz gesperrte Straße und erreichen nach etwa 250 m einen nach rechts abzweigenden Pfad mit dem Hinweis „Seevengeti". Hier gelangen Sie nach wenigen Metern an eine Aussichtsplattform mit schönem Blick auf den Steller See.

Das Seevengeti-Experiment

Bei diesem Projekt handelt es sich um die Übertragung der Weideverhältnisse durch Büffel, Zebras und Antilopen der afrikanischen Serengeti auf die Seeveniederung - nur dass es sich hierbei nicht um afrikanische Tierarten handelt, sondern um hiesige Rinder. Die Initiatoren hoffen, dass dadurch neue Lebensräume entstehen und sich seltene Tier- und Pflanzenarten ansiedeln.

Von der Abzweigung wandern Sie die Asphaltstraße weiter und erreichen nach etwa 250 m erneut eine Abzweigung. Wenn Sie hier rechts gehen, kommen Sie nach 350 m nahe am Ufer des Steller Sees an eine Hütte, von der Sie sehr gut Vögel beobachten können.

Wieder zurück an der Kreuzung folgen Sie dem Asphaltweg weiter Richtung Norden und gelangen bald an die Seeve (mehr Infos zur Seeve: ☞ Tour 11), die Sie auf einer Brücke überqueren.

Hinter der Brücke gehen Sie gleich rechts und folgen dem Weg, der dicht am Ufer der Seeve entlangführt, bis zum Seevesiel, wo die Seeve in die Elbe mündet. Hier kreuzen Sie die Straße und gehen auf dem Elbdeich nach links elbabwärts. Rechts finden Sie bald schöne Sandstrände, eine gute Möglichkeit für eine Rast direkt am Ufer der Elbe.

Kleiner Elbstrand

Knapp 50 m hinter dem Ortseingangsschild von Over steigen Sie links eine Treppe vom Deich ab zum Parkplatz, gehen an der Bushaltestelle (Am Junkernfeld) vorbei und wandern weiter auf dem

„Herrendeich" in südwestliche Richtung. Vorbei am rechts liegenden Herrenbrack erreichen Sie den links liegenden Junkernfeldsee, an dessen Ende Sie einen guten Rastplatz mit Holzbänken und Tischen finden. Gleich daneben steht ein hölzerner Vogelbeobachtungsturm mit schönem Blick auf den Junkernfeldsee.

Vom Rastplatz aus wandern Sie auf dem Deich weiter, bis links die Hörstener Straße abzweigt. Auf ihr überqueren Sie die Seeve und folgen der Straße bis zu Ihrem Ausgangspunkt am Bahnhof Maschen.

Der Rangierbahnhof Maschen gehört zu den weltweit größten

⑪ Nordheide: von Handeloh zur Seevequelle

ㅈ ✗ ⚏ WC

Tour für Naturliebhaber

ᐃᐃ ᐃᐃ 🛒 🐕

Die Rundtour führt von Handeloh, dem Tor zur Lüneburger Heide, an die Seve. Sie folgen dem Fluss durch eine urwüchsige, wildromantische Landschaft bis an sein Quellgebiet. Auf dem Rückweg wandern Sie durch eine abwechslungsreiche Heidelandschaft. Wer Pilze mag, sollte zur Pilzsaison in die Gegend kommen, bestehen dann doch gute Chancen, wertvolle Speisepilze zu finden.

↻   Start/Ziel: Bahnhof Handeloh, GPS N 53°14.506' E 009°50.667'

➲   11,3 km

⧖   3 Std.

↑ ↓   60 m/60 m

⇧   40-65 m

✎   Der Wanderweg verläuft auf dem ersten Streckenabschnitt auf derselben Route wie der Heidschnuckenweg, der mit einem „H" markiert ist, und der Europäische Fernwanderweg E1, der mit einem weißen Kreuz auf schwarzem Grund gekennzeichnet ist. Stellenweise gibt es Wanderwegweiser mit Entfernungsangaben.

ㅈ   zahlreiche Bänke entlang des Weges, weitere schöne Rastplätze: Rastplatz am Teich (km 2,3), Rastplatz Pavillon (km 4,4), Rastplatz Seevebrücke (km 5,2), Seevequelle (km 5,8)

✗ ☕   Krögers Gasthof und das Hotel-Restaurant Fuchs nahe Start/Ziel, Cassenshof Kaffeegarten (km 10,1)

WC   am Bahnhof Handeloh

ᐃᐃ   Die Tour ist auch für Familien mit Kindern gut geeignet, die immer wieder Spielmöglichkeiten am Ufer der Seeve finden.

🛒   Für Wanderer mit Buggy sind einige Abschnitte nur mit Mühe zu bewältigen (schmale Pfade, teilweise sandige Abschnitte).

🐕   Nahezu auf der gesamten Strecke müssen Hunde an der Leine geführt werden. Wer nicht möchte, dass sein Hund aus der Seeve trinkt, sollte Wasser und ein Trinkgefäß mitnehmen.

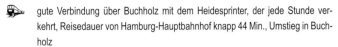 gute Verbindung über Buchholz mit dem Heidesprinter, der jede Stunde ver-
kehrt, Reisedauer von Hamburg-Hauptbahnhof knapp 44 Min., Umstieg in Buch-
holz

P Wer mit dem Pkw anreisen will, findet direkt am Bahnhof Parkplätze.

☺   *Wer eine weitere Wanderung entlang der Seeve unternehmen
will, kann sie an ihrem Unterlauf bis zur Mündung in die Elbe beglei-
ten (☞ Tour 10).*

Die Tour beginnt am Bahnhof von Handeloh.

Baufälliger Stall bei Handeloh

Handeloh

Handeloh ist eine relativ kleine Gemeinde mit etwa 2.400 Einwohnern.
Der Ort gehört zur Samtgemeinde Tostedt im Landkreis Harburg.
Neben vielen landschaftlichen Reizen wie den weiten Heidelandschaf-
ten und prächtigen Mischwäldern bietet Handeloh auch ein kulturelles

Highlight: das naturkundliche Museum mit der Schulungsstätte „Alte Schmiede". In dem Museum kann man Ausstellungen über die heimische Singvogelwelt sowie Säugetiere, Vögel, Lurche und Kriechtiere aus der Region betrachten. Die Schulungsstätte bietet u.a. Seminare zu Themen wie Naturschutzrecht, Bodenkunde oder Artenbestimmungen an.

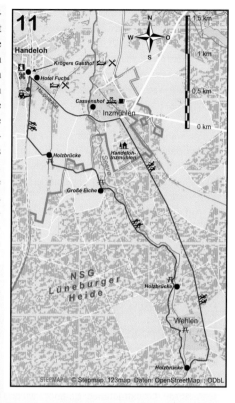

In den 1990er-Jahren hat der Ort durch die Kinder-Fernsehsendung „Neues vom Süderhof" eine gewisse Aufmerksamkeit erhalten. Die Serie wurde auf einem Reiterhof in Handeloh gedreht und viele der Szenen entstanden in und um den Ort in der Lüneburger Heide.

ℹ️ Bürger- und Verkehrsverein Handeloh, Am Markt 1, 21256 Handeloh, ☎ 041 88/89 10 11, 🖥️ www.handeloh-erleben.de, 🕐 Mo 14:00-17:00 Uhr, Di, Do und Fr 10:00-13:00, 15.7. bis 15.10. täglich (außer So) 10:00-12:00

⌘ Naturkundliches Museum und Schulungsstätte „Alte Schmiede", Hauptstraße 42, 21256 Handeloh, ☎ 041 88/74 13. 🕐 Die Schausammlung ist nach Vereinbarung geöffnet.

✕   Krögers Gasthof, Hauptstraße 33, 21256 Handeloh, ☎ 041 88/89 91 91,
       🍴 ganzjährig täglich, durchgehend warme Küche mit empfehlenswerter Haus-
       mannskost (12:00-21:00)

✕   Hotel Fuchs, Hauptstraße 35, 21256 Handeloh, ☎ 041 88/414,
       💻 www.hotel-restaurant-fuchs.de, 🍴 ganzjährig täglich, warme Mahlzeiten im
       Restaurant 11:30-14:30 (Mittagskarte) und 17:00-21:00 (Abendkarte)
       Beide Häuser liegen nur knapp 200 m vom Bahnhof entfernt.

Sie wandern vom Bahnhof auf der parallel zu den Gleisen verlaufenden Bahnhofstraße nordwärts, gehen an der Hauptstraße rechts über
den Bahnübergang und dahinter gleich wieder rechts. Sie folgen der
Asphaltstraße bis zu ihrem Ende und gehen dort links auf einem Feldweg weiter.

Auf einer Holzbrücke überqueren Sie einen Graben, gehen dahinter
auf dem Pfad weiter und treffen gleich darauf auf einen kleinen Unter-
stand mit Sitzgelegenheit.

Sie wandern auf dem Pfad weiter, bis Sie an einem kleinen Wald an
einer Wegkreuzung an das NSG Lüneburger Heide kommen.

NSG Lüneburger Heide

Das im Norden der Lüneburger Heide liegende Naturschutzgebiet ist
mit etwa 23.437 ha das größte NSG in Niedersachsen. Seit 1922 steht
das Gebiet unter Naturschutz und ist damit auch eines der ältesten
Naturschutzgebiete in ganz Deutschland.

Geologisch gesehen wurde die Lüneburger Heide durch die Eiszeiten geformt. Grundmoränen, Endmoränen und Sander haben ihre Abla-
gerungen hinterlassen und damit das zumeist flachwellige Relief gebildet. Im Zentrum des Gebietes liegt der 169 m hohe Wilseder Berg, die
höchste Erhebung der Norddeutschen Tiefebene. Landschaftlich ist die
Region vor allem durch Wälder und weite Heidelandschaften geprägt.
Aber auch Ackerbau, Moore, Grünland, Siedlungen und Gewässer sind
hier zu finden, oft Relikte der viele Jahrhunderte lang ausgeführten
Heidebauernwirtschaft, die diese Landschaft prägte.

Heute ist die Heide Kulturlandschaft, das heißt, die Gebiete müssen
regelmäßig gepflegt werden, damit sie erhalten bleiben und nicht ver-

walden. In der Lüneburger Heide geschieht dies zum einen durch grasende Heidschnuckenherden, zum anderen durch kontrollierte Brände und Rodungen. Für den Artenschutz ist das Gebiet besonders wichtig, da viele seltene Tier- und Pflanzenarten zu finden sind. Ein besonders interessanter Bewohner des NSG ist das auf der Roten Liste als stark gefährdet eingestufte und in Deutschland streng geschützte Birkhuhn.

Die prächtige Heideblüte ist meist von Anfang August bis Anfang September zu bewundern, aber witterungsbedingt kann sich dies manchmal auch um einige Wochen verschieben.

Schöner Rastplatz an einem Teich

Sie kreuzen hier leicht rechts versetzt einen Feldweg und gehen dahinter auf einem typischen sandigen Heideweg weiter. Nach links haben Sie einen schönen Blick auf die offene Heidelandschaft. An der nächsten größeren Kreuzung folgen Sie den Markierungen für den Heidschnuckenweg und den E1. Der Weg schwenkt hier nach Süden und verläuft am Rande eines Eichenwaldes mit z.T. uralten, großen Bäumen.

Knapp 200 m hinter der Kreuzung können Sie nach links einen Abstecher zu einer Bank machen, die an einem Teich steht. Die Bank ist zwar schon etwas marode, aber dennoch ein schöner Platz für eine Rast.

Kurz darauf müssen Sie an einer mächtigen Eiche links auf einen Pfad abbiegen. Achten Sie hier auf die Markierungen. Sie wandern auf einem Pfad durch dichten, urwaldähnlichen Laubwald und kommen bald an das Ufer der Seeve.

Am Oberlauf der Seeve

Seeve
Die Seeve entspringt im NSG Lüneburger Heide zwischen den Orten Handeloh und Undeloh. Der Fluss mäandert dann auf einer Länge von etwa 40 km durch die Geest, bis er schließlich etwas südlich des Ortes Over in die Elbe mündet. Die Seeve ist ein ganzjährig kalter Fluss mit einer Durchschnittstemperatur von nur 6-8°C. Oft wird die Seeve des-

halb als der kälteste Fluss Norddeutschlands bezeichnet. Dies allerdings stört die vielen darin und daran lebenden Tiere und Pflanzen nicht. Äschen, Bach- und Meerforellen fühlen sich genauso wohl wie der Eisvogel, den man hier mit etwas Glück bei der Nahrungssuche beobachten kann.

Sie folgen dem Pfad durch eine urwüchsige Landschaft, immer nahe am Fluss, bis Sie einen Pavillon mit Bänken und Tisch erreichen - ebenfalls ein schöner Rastplatz, der auch bei Regen Schutz bietet.

Im Herbst sind Steinpilze am Wegesrand nicht selten

Sie folgen weiter den Markierungen und gehen links an der Hütte vorbei, bis Sie kurz darauf an eine Verzweigung mit Wanderwegweisern stoßen. Hier verzweigt sich der Heidschnuckenweg: Die Hauptroute führt nach links auf einer Holzbrücke über die Seeve, die Variante verläuft weiter geradeaus.

Sie gehen auf der Variante weiter geradeaus, stoßen auf eine Kopfsteinpflasterstraße und gehen dort links, bis Sie an einem schönen, mit Reet gedeckten Fachwerkhaus vorbeikommen und auf einen weiteren Forstweg stoßen.

Sie müssen hier rechts gehen, können aber zunächst einen kleinen Abstecher nach links zur Brücke über die Seeve machen. Eine Bank lädt hier zur Rast ein.

Sie gehen zurück und biegen etwa 20 m nach der Kopfsteinpflasterstraße links auf einen wunderbaren Waldpfad ab, der Sie an die Quell-
teiche der Seeve bringt. Dort überqueren Sie auf einer Holzbrücke den
jungen Fluss. Sie befinden sich jetzt im Quellgebiet der Seeve. Ein
schöner Ort, der für eine Rast ideal wäre, wenn es denn eine Sitzgelegenheit gäbe. Bei trockenem Wetter kann man sich im Gras niederlassen, ansonsten ist Stehen angesagt.

Dahinter wandern Sie weiter durch schönen Laub- und Nadelwald,
bis Sie an eine Forststraße stoßen, wo Sie nach links gehen.

Vorbei an mehreren Gebäuden, vor denen verschiedene Kunstwer-
ke stehen, erreichen Sie eine größere Kreuzung, von der sternförmig
mehrere Wege abgehen. Sie gehen weiter geradeaus auf einer breiten,
festgefahrenen Schotterstraße, der Sie die nächsten gut 3 km folgen, bis
sie an der Jugendherberge Handeloh-Inzmühlen vorbeiführt und an der
Kreisstraße in Inzmühlen endet.

Sie gehen nach links und gelangen kurz vor der Seevebrücke an den
Cassenshof der Familie Voß, wo Sie im ausgezeichneten Hofladen
landwirtschaftliche Produkte der Region kaufen können. Besonders zu
empfehlen sind Spargel und Kartoffeln, beide finden hier besonders
gute Wachstumsbedingungen. Im Sommer können Sie sich im Kaffeegarten mit Kaffee und selbst gebackenem Kuchen stärken.

🚉 ☎ Cassenshof, Im Seevegrund 2, 21256 Inzmühlen, ☎ 0 41 88/656,
       🖥 www.cassenshofladen.de, 🍴 Hofladen und Café haben ganzjährig täglich
       von 8:00-18:00 geöffnet.

Sie folgen weiter der Kreisstraße und erreichen bald die ersten Häuser von Handeloh und wenig später wieder Ihren Ausgangspunkt am
Bahnhof von Handeloh.

3.6.18 toll !!

⑫ Nordheide: Büsenbachtal und Brunsberg

⚐ ✕ 🏠

Tour für Naturliebhaber   👫👫 🚼 🐕 🦌

Die Rundtour gehört mit zu den schönsten, die man in der Lüneburger Heide unternehmen kann. Sie führt durch hügeliges Gelände mit offener Heide, durch Laub- und Nadelwälder, an einem idyllischen Bach entlang, durch das Höllental und auf den Brunsberg und den Pferdekopf.

↻ Start/Ziel: Bahnhof Büsenbachtal, GPS N 53°16.155' E 009°51.494'

↻ 14 km

⧗ 3 Std. 45 Min.

↑ ↓ 180 m/180 m

⇧ 50-129 m

✎ Der Wanderweg ist auf einem Großteil der Strecke mit „N1" markiert. Darüber hinaus verläuft er z.T. auf derselben Route wie der Heidschnuckenweg, der mit einem „H" markiert ist. Stellenweise gibt es Wegweiser mit Entfernungsangaben.

⚐ zahlreiche Bänke entlang des Weges in kurzen Abständen, Rastplatz mit Bänken und Tischen am Parkplatz, weitere schöne Rastplätze: Rastplatz Bachschwinde (km 2), Rastplatz Brunsberg (km 8,4), Rastplatz Pferdekopf (km 12,7)

✕ Café-Restaurant Schafstall und Schnellimbiss Büsenbachquelle nahe Start/Ziel

👫 Die Tour ist auch für Familien mit Kindern gut geeignet. Besonders der Büsenbach ist bei Kindern sehr beliebt. Spannend ist es auch, auf dem Pferdekopf Drachen steigen zu lassen.

🚼 Für Wanderer mit Buggy sind einige Abschnitte nur mit Mühe zu bewältigen (schmale, steile Pfade, teilweise sandige Wege).

🐕 Vom 1.4. bis zum 15.7. müssen Hunde wegen der Brut-, Setz- und Aufzuchtzeit an der Leine geführt werden. Wasser und ein Trinkgefäß sollten mitgenommen werden.

🚂 gute Verbindung über Buchholz mit dem Heidesprinter, der jede Stunde verkehrt, Reisedauer von Hamburg-Hauptbahnhof knapp 40 Min., Umstieg in Buchholz

🅿 Wer mit dem Pkw anreisen will, findet knapp 100 m westlich vom Bahnhof den Parkplatz Wörme direkt am Wanderweg.

Sie überqueren am Bahnhof die Gleise am Bahnübergang und folgen der Straße Am Büsenbach knapp 100 m bis zum Parkplatz Wörme. Links liegt der Schnellimbiss Büsenbachquelle (🕒 täglich 10:00-18:00). Zwischen Kiosk und Parkplatz wandern Sie auf der Straße weiter westwärts und erreichen nach 150 m das Café-Restaurant Schafstall.

☛ ✕   Café-Restaurant Schafstall, Am Büsenbach 35, 21256 Wörme,

      ☎ 041 87/10 72, 🖳 www.cafeschafstall.de, 🕒 Mitte März bis Ende Oktober Di

      bis Fr ab 12:00, Sa, So und Fei ab 10:00, Juli bis Oktober zusätzlich Mo ab

      12:00, im Winter nur Sa, So und Fei ab 10:00

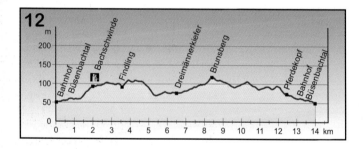

Gut 50 m weiter verlassen Sie die Asphaltstraße nach rechts auf einen Pfad, dem Sie durch das bezaubernde Büsenbachtal folgen.

Büsenbachtal

Die ersten Menschen besiedelten das in der Eiszeit entstandene Moränengebiet schon in der Jungsteinzeit. Damals, vor etwa 5.000 Jahren, war die Landschaft noch durch weitflächige Eichen-, Erlen- und Buchenwälder geprägt. Die spätere Nutzung des Gebiets als Weidefläche für Haustiere sowie die Rodung der Wälder veränderte die Landschaft, sodass auf dem nun kargen und nährstoffarmen Boden nur noch die widerstandsfähigsten Pflanzen gedeihen konnten. Zu diesen Pflanzen gehörten auch die Besenheide und der Wacholder, die heutzutage immer noch charakteristisch für das Büsenbachtal sind. So ist in die-

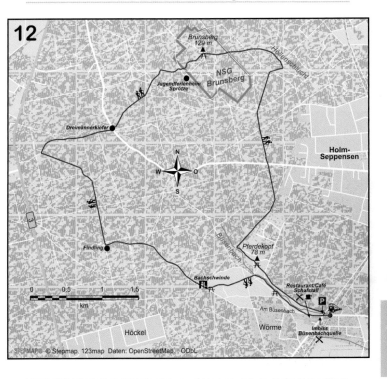

sem Gebiet heute die nördlichste natürlich vorkommende Ansiedlung von Wacholderpflanzen zu finden. Damit die Heidelandschaft erhalten bleibt, müssen Bäume und Büsche, die mit der Zeit nachwachsen, in regelmäßigen Abständen von 20-30 Jahren entfernt werden.

Eine weitere Besonderheit des Tales ist der Büsenbach. Dieser kleine, kristallklare Bach besitzt mehrere sogenannte „Bachschwinden". So verschwindet der Bach auf Höhe des Parkplatzes am Bahnhof unter der Erde, um dann etwa 400 m weiter östlich wieder aufzutauchen und schließlich in die Seeve zu fließen. Auch am Pferdekopf verschwindet der Bach auf einer längeren Strecke unter der Erde. Dieser Wechsel aus unter- und überirdischem Fluss wird durch die unterschiedlichen

Bodenbeschaffenheiten bewirkt. Wo wasserundurchlässige Schichten (z.B. aus Lehm oder Ton) im Boden zu finden sind, fließt der Bach oberirdisch, dort, wo der Boden sandig ist, kann das Wasser versickern und der Bach fließt unter der Erde weiter.

Im Büsenbachtal

Sie passieren einen Rastplatz mit Bank und Tisch unter einer Eiche. Gleich dahinter führt eine schöne Holzbrücke über den Büsenbach. Sie bleiben aber auf dieser Seite des Baches, folgen dem Weg weiter und gehen auch an der nächsten Brücke vorbei. Kurz darauf gelangen Sie an eine Kreuzung, an der eine markante Birke steht. Hier wandern Sie links aufwärts durch offene Heide und haben zurück immer wieder wunderbare Blicke in das Büsenbachtal. An mehreren Bänken und an einem Bienenstand vorbei erreichen Sie am Waldrand an einer breiten Forststraße den guten Aussichtspunkt „Bachschwinde" - ein ausgezeichneter Rastplatz mit vielen Bänken und Tischen. Eine Infotafel informiert über das Gelände.

Sie gehen rechts weiter auf der stellenweise sehr sandigen Forststraße durch dichten Wald und folgen dem mit „1" markierten Weg, bis Sie nach etwa 1,5 km links an einer unscheinbaren Kreuzung einen kleinen Findling erreichen. Hier zweigt nach rechts aufwärts ein grasiger Pfad ab, der weiter mit „1" markiert ist. Sie folgen dem Pfad durch Mischwald, überqueren eine breite Schotterstraße und erreichen schließlich an einer größeren Kreuzung eine Forststraße. Hier halten Sie sich halb links und folgen weiter der „1".

Am Ende der Forststraße gehen Sie rechts, bis Sie an der Dreimännerkiefer an die Holm-Seppensen mit Sprötze verbindende Asphaltstraße stoßen. Sie gehen an der Gabelung noch vor der Straße links, überqueren Sie und folgen dahinter auf einem Forstweg weiter der Markierung „N1". Etwa 700 m weiter heißt es aufpassen: Hier müssen Sie die Forststraße nach links auf einen breiten Pfad verlassen. Sie folgen weiter der Markierung „N1" durch den Wald und erreichen das Gelände des Jugendferienheims Sprötze, wo Sie die Zufahrt überqueren. Gleich dahinter gelangen Sie vorbei an einer Barriere in das Naturschutzgebiet Brunsberg.

Großer Findling als Wegweiser

Durch offene Heide mit einigen verstreuten Birken und Kiefern wandern Sie auf den Gipfel des Brunsberges. Zahlreiche Bänke am Hang bieten schöne Rastplätze. Oben auf der flachen Gipfelkuppe angekommen, haben Sie eine wunderbare Aussicht. Nach etwas mehr als der Hälfte des Weges eine gute Gelegenheit für eine ausgiebige Rast.

Brunsberg

Der Brunsberg (129 m) ist die höchste Erhebung eines südwestlich von Buchholz gelegenen Moränenzuges. Er liegt im gleichnamigen, etwa 61 ha großen Naturschutzgebiet, das bereits 1954 unter Schutz gestellt wurde. Heidevegetation ziert die Bergkuppe, allerdings fehlt hier der Wacholder, der so typisch für das Büsenbachtal ist.

Vom Gipfel haben Sie eine fantastische Aussicht in alle Richtungen. Bei guter Sicht können Sie im Süden den Wilseder Berg sehen, die mit 169 m höchste Erhebung in der Norddeutschen Tiefebene. Der im Südwesten zu sehende Kirchturm gehört zur Johanneskirche in Tostedt. Der Blick nach Norden auf Hamburg wird durch die Harburger Berge verstellt.

Sie steigen auf der Ostseite des Berges dem Wanderweg „N1" folgend ab, verlassen das NSG und wandern weiter durch dichten Laubwald, bis Sie zu einer Kreuzung mit Wanderwegweisern kommen. Hier verzweigt sich der „N1": Links geht es nach Buchholz, geradeaus weiter durch die Höllenschlucht. Sie wandern weiter durch die Höllenschlucht, ein wunderbares, tief eingeschnittenes Trockental, und ignorieren alle links abzweigenden Wege, bis Sie an einer Wegkreuzung auf einen Findling mit eingravierten Richtungsweisern stoßen. Hier gehen Sie scharf rechts und folgen dem „N1", bis Sie erneut an die Holm-Seppensen mit Sprötze verbindende Asphaltstraße stoßen.

Sie überqueren die Straße geradeaus und folgen dem Forstweg, bis Sie nach ca. 1,3 km an den Büsenbach stoßen, über den eine kleine Holzbrücke führt. Noch vor der Brücke biegen Sie links auf einen Weg ab, der Sie bis auf den Pferdekopf bringt, einen knapp 80 m hohen Berg, von dem Sie einen fantastischen Blick hinunter ins Büsenbachtal haben. Bänke und Tische bieten sich für eine Rast an.

Hier verlassen Sie jetzt den Wanderweg „N1", gehen geradeaus weiter in südöstlicher Richtung hinunter in das Tal und an der Kreuzung geradeaus und wandern auf der breiten Schotterpiste, diesmal nördlich des Büsenbachs, bis zu Ihrem Ausgangspunkt am Parkplatz bzw. Bahnhof.

5.5.16

⑬ Harburger Berge: Kiekeberg   ⚷ ✕ ☕ ⌘

Tour für Naturliebhaber, geschichtlich Interessierte und Kletterfans

Die Rundtour verläuft durch eine sehr hügelige, waldreiche Landschaft, die von den Gletschern der letzten Eiszeit geformt wurde. Für
Kinder, Jugendliche und jung gebliebene Erwachsene dürfte der Hochseilgarten am Gasthaus Kiekeberg ein besonderer Anziehungspunkt
sein. Aber auch das dortige Freilichtmuseum mit 40 historischen
Gebäuden, alten Nutztierrassen und zahlreichen interessanten Veran-
staltungen lockt Groß und Klein.

↻ Start/Ziel: Bushaltestelle Appelbütteler Weg, GPS N 53°26.196' E 009°56.085'

➲ 13,2 km

⧗ 3 Std. 45 Min.

↑ ↓ 210 m/210 m

⇧ 70-130 m

✎ im ersten Teil gelbe Pfeile mit „Ka" für Karlstein, dann „Ki" für Kiekeberg und
schließlich „A" für Appelbüttel, stellenweise Wanderwegweiser mit Entfernungsangaben

⚷ zahlreiche Bänke entlang des Weges, besonders schöne Rastplätze: Rastplatz
Sottorf (km 3), Rastplatz Paul-Roth-Stein (km 5,4), Rastplatz Erlöserkirche Vahrendorf (km 8,2), Rastplatz Stadtscheide (km 10,4)

✕ am Ausgangspunkt Restaurant Eichenhof, Gasthaus Zum Kiekeberg (km 8,5),
Stoof Mudders Kroog im Freilichtmuseum Kiekeberg (km 9,1), Raststätte Zum
Dorfplatz (km 9,2), Gasthaus Zur Linde (km 9,4)

☕ CoffeeBaer in Sottorf (km 3,3)

👪 Besonders der Hochseilgarten am Gasthaus Kiekeberg dürfte Kinder begei-
stern.

🏃 einige sehr steile Abschnitte auf schmalen Pfaden, eine Treppe, die aber umgan-
gen werden kann, teilweise tiefer, sandiger Untergrund

🐕 Hunde müssen streckenweise ganzjährig an der Leine geführt werden. Wasser
und ein Trinkgefäß sollten mitgenommen werden.

🚌   am Start/Ziel Linie 144 zum Bahnhof Harburg, 340 zum Bahnhof Harburg bzw. über Museum Kiekeberg zur S-Bahn Neuwiedenthal und Neugraben, 4244 Richtung Sottorf bzw. Bahnhof Harburg; Haltestelle Sottorf Spritzenhaus (km 3,3): Linie 4244 über Museum Kiekeberg, Appelbütteler Weg zum Bahnhof Harburg; Haltestelle Museum Kiekeberg (km 9): Linie 340

🅿   Parkplatz am Start/Ziel

☺   *Die Wanderung lässt sich sehr gut mit Tour 14 kombinieren. Unterhalb vom Gasthaus Zum Kiekeberg gehen Sie auf der Kopfstein-pflasterstraße nach links (Westen) und an der Kreuzung geradeaus auf den Feldweg, der Sie zum Eingang des Wildparks Schwarze Berge bringt - insgesamt ein Weg von etwa 500 m.*

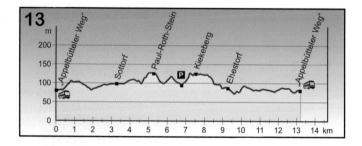

Sie beginnen die Wanderung an der Busendhaltestelle Appelbütteler Weg und folgen auf dem kopfsteingepflasterten Vahrendorfer Stadtweg in südwestlicher Richtung den gelben Richtungspfeilen mit „Ka". Sie wandern an der Revierförsterei und einem Waldkindergarten vorbei, überqueren kurz hintereinander die Autobahnen A7 und A261 und erreichen an einem großen Waldparkplatz eine Asphaltstraße, die Sie etwas rechts versetzt überqueren. Dahinter gehen Sie rechts in den brei-teren, mit einer Holzbarriere versehenen Forstweg.

Sie folgen dem mit „Ka" markierten Weg weiter durch den Eißen-dorfer Sunder, einen schönen Wald mit großen, alten Buchen. Rechts sehen Sie zwischen den Bäumen das riesige Gelände der Baumschule von Ehren.

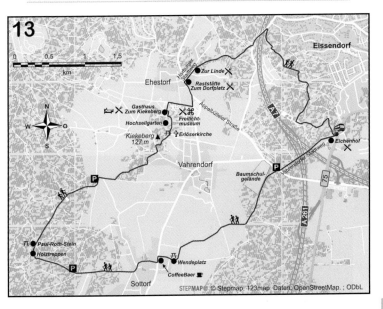

Am Ende des Waldes gehen Sie rechts und folgen weiter der „Ka"-Markierung durch Felder, Wiesen und Weiden, bis der Weg an einem größeren Wendeplatz am Ortsrand von Sottorf endet. Rechts finden Sie an einem kleinen Teich einen schönen Rastplatz.

Sie gehen am Wendeplatz nach rechts und gelangen an die durch Sottorf führende Hauptstraße, wo Sie sich links halten, an dem Café CoffeeBaer vorbeigehen und am Spritzenhaus gleich wieder rechts abbiegen.

☕ Café CoffeeBaer, Sottorfer Dorfstraße 13, 21224 Rosengarten,
☎ 041 08/41 39 47, ▯ Mo bis Fr 8:00-18:00, Sa 8:00-13:00

Vor einer großen Verkehrsinsel, auf der einige Buchen stehen, gehen Sie links und folgen dann weiter der „Ka"-Markierung Richtung Vahrendorf Siedlung. Sie passieren die kleine Siedlung und wandern

weiter, bis die asphaltierte Straße an einem Parkplatz endet. Sie folgen
dem nun unbefestigten Waldweg weiter geradeaus und biegen an einer
größeren Gabelung etwa 550 m weiter rechts ab. Nach knapp 100 m
stehen Sie zwischen zwei Holztreppen. Hier führt der Weg zum Karlstein weiter nach links, Sie gehen aber rechts die Treppe hinauf und am
Ende der Treppe links und folgen nun dem mit einem „Ki" für Kiekeberg markierten Wanderweg.

Auf dem Weg zum Kiekeberg

Der Pfad führt steil aufwärts auf einen Berg, auf dem ein Gedenk-
stein thront. Er erinnert an Paul Roth, einen Wanderer aus Altona, der
viel dazu beigetragen hat, dass diese Gegend auch bei Hamburgern, die
nördlich der Elbe wohnen, bekannt wurde. Ein schöner Platz, der sich
für eine Rast anbietet.

Sie verlassen den Berg auf der dem Aufstieg gegenüberliegenden
Seite, es geht steil abwärts. Sie wandern durch hügeliges Waldgelände

mit teilweise steilen Passagen und folgen immer der Markierung „Ki",
bis Sie am Ende des Waldes auf eine unbefestigte Straße stoßen, der Sie
bis zu einer Asphaltstraße folgen. Links liegt ein Parkplatz mit einem
Wartehäuschen, ein guter Schutz bei Regen.

Sie gehen rechts auf die Asphaltstraße und wechseln nach etwa
50 m in einer Rechtskurve von der Straße geradeaus auf einen Feldweg. Etwa 150 m weiter biegen Sie links vom Feldweg in den Wald ab.
Sie halten sich weiter an die Markierungen „Ki" und folgen dem Pfad
durch den Wald, bis er an einer Asphaltstraße endet. Hier gehen Sie
links und etwa 50 m weiter wieder rechts in den Buchenwald hinein.
An der nächsten Gabelung halten Sie sich links und gelangen an einen
schönen Rastplatz mit Bänken und Tischen. Geradeaus kommen Sie
nach 50 m zur Erlöserkirche von Vahrendorf.

Der Wanderweg führt links weiter, vorbei am Hochseilgarten zum
Gasthaus Kiekeberg, von wo Sie einen sehr schönen Blick nach Ham-
burg haben. Das ganze Panorama von Bergedorf bis Wedel liegt vor
Ihnen.

 Hochseilgarten Kiekeberg, Am Kiekeberg 5, 21224 Rosengarten,
☎ 040/74 32 55 89, 💻 www.hochseilgarten-kiekeberg.de, 🕐 je nach Wetterla-
ge von März bis etwa Oktober/November täglich 10:00-19:00. Außerhalb der
Schulferien in Niedersachsen oder Hamburg wird die Anlage Mo bis Fr nur auf
Anfrage geöffnet.

✕ Gasthaus Zum Kiekeberg, Am Kiekeberg 5, 21224 Rosengarten,
☎ 040/790 50 21, 💻 www.kiekeberg.de, 🕐 Mo geschlossen, ansonsten 8:00-
21:00. Das traditionsreiche Gasthaus ist bis weit über die Grenzen Hamburgs
bekannt. Besonders beliebt sind die nach alten Rezepten hergestellten Speisen
und das selbst gebackene Brot.

Sie setzen die Wanderung auf der Kopfsteinpflasterstraße unterhalb
des Gasthauses fort und gehen nach rechts. Unmittelbar vor der Bushaltestelle geht es rechts nach wenigen Metern zum Eingang des Frei-
lichtmuseums Kiekeberg. Der Wanderweg führt links auf dem befestigten Rad-/Fußweg weiter.

⌘ Freilichtmuseum am Kiekeberg

Der ehemalige Direktor des Helms-Museums, Willi Wegewitz, gründe-
te das Freilichtmuseum im Jahre 1953. Er kaufte einen alten Hof aus
der Lüneburger Heide, ließ ihn zerlegen und auf dem etwa 12 ha großen Museumsgelände wieder aufbauen. Bis heute sind 40 Häuser aus
der Zeit vom 17. bis 20. Jh. vor dem endgültigen Abriss bewahrt und
hier originalgetreu wiedererrichtet worden.

In den einzelnen Gebäuden und auf den Außenflächen des Muse-
ums erhält man ausführliche Informationen über die Kulturgeschichte
der Region. Die bäuerliche Hof-

Pommerngänse fühlen sich im Freilichtmuseum wohl

wirtschaft des 19. Jh. kann haut-
nah miterlebt werden, wenn zu
regelmäßigen Terminen Schau-
spieler das Landleben zu dieser
Zeit darstellen und nachleben.
Das erst kürzlich gebaute Agrari-
um beherbergt eine ständige
Sammlung zu verschiedensten
Aspekten der landwirtschaftli-
chen Arbeit. Für Kinder sind
besonders der Mähdrescher-
Simulator und die Melkmaschine
interessant, die dort ausprobiert
werden können.

Bemerkenswert sind auch die
Acker- und Weideflächen des
Museumsgeländes, die mit tradi-
tionellen Methoden bestellt werden und auf denen alte, vom Aussterben bedrohte Haustierrassen wie z.B. die Bentheimer Schweine (📷 S.
116) oder Schleswiger Kaltblüter leben.

⌘ Freilichtmuseum am Kiekeberg, Am Kiekeberg 1, 21224 Rosengarten,
☎ 040/790 17 60, 🖥 www.kiekeberg-museum.de, 🍴 Di bis So 10:00-18:00,
Eintritt € 9, Kinder bis 18 Jahre frei

✗ Stoof Mudders Kroog, Am Kiekeberg 1a, 21224 Rosengarten, ☎ 040/79 14 44
98, 🖥 www.stoof-mudders-kroog.de, 🍴 Di bis So 11:00-23:00, Mo Ruhetag. Der

Gasthof liegt auf dem Museumsgelände und ist in einem historischen Gebäude untergebracht. Der Besuch ist bei Voranmeldung von Gruppen ab 10 Personen kostenfrei, ansonsten entfällt der Museumseintritt eine halbe Stunde vor Museumsschluss.

Winter im Freilichtmuseum Kiekeberg

Der Wanderweg führt links zur Appelbütteler Straße. Sie gehen an der Raststätte Zum Dorfplatz (🕐 Mo bis Fr 7:00-18:00 und Sa 10:00-15:00) vorbei und gleich dahinter rechts in den Harburger Stadtweg. An der Gabelung am Gasthaus Zur Linde halten Sie sich ebenfalls rechts.

✕   Gasthaus Zur Linde, Harburger Stadtweg 2, 21224 Rosengarten,
     ☎ 040/790 62 36, 🖥 www.meyers-linde.de, 🕐 Mi, Fr, Sa und So 12:00-22:00

Sie folgen dem gelben Pfeil, der nun ein „A" für Appelbüttel trägt, durch Wald bis zum Park- und Rastplatz Stadtscheide. Hier weist eine Infotafel auf mehrere Großsteingräber der Jungsteinzeit hin. Sie gehen weiter geradeaus und am Ende des Weges rechts zu einer Asphaltstraße. Dort gehen Sie links und überqueren die A7. Hinter der Brücke biegen Sie gleich rechts in den Wald ab.

🖐 Nach etwa 10 m gabelt sich der Weg - gehen Sie hier unbedingt rechts und nicht, wie man anhand der Markierung meinen könnte, links.

Sie können jetzt wieder den gelben Pfeilen Richtung Appelbüttel folgen und wandern z. T. auf schmalen, stellenweise steilen Pfaden durch schönen Wald, bis Sie durch einen schönen Hohlweg vorbei an einem Teich wieder Ihren Ausgangspunkt an der Busendhaltestelle erreichen. Gegenüber bietet das traditionsreiche Restaurant Eichenhof, das seit 1755 in Familienbesitz ist und inzwischen in der 8. Generation von Familie Kämpfer geführt wird, Speis und Trank.

✘ Restaurant Eichenhof, Bremer Straße 320, 21077 Hamburg, ☎ 040/760 34 83, 🖥 restaurant-eichenhof.net, 🕒 täglich ab 11:00, warme Speisen bis 21:00, Mi Ruhetag

Bentheimer Landschwein im Freilichtmuseum Kiekeberg

⑭ Harburger Berge: Wildpark Schwarze Berge   𝝟 ✕ 🍺 🏕 🦌

Tour für Natur- und Tierliebhaber   ✝✝✝ ✝✝✝ ✝✝✝ 🚲 🐕

Die Rundtour verläuft zum größten Teil durch eine von Endmoränen geprägte, sanft hügelige Landschaft, meist durch dichte Laub- und Nadelwälder. Ein dichtes Netz von Wanderwegen, Nordic-Walking-Routen, Rad- und Reitwegen durchzieht das Gebiet. Den Höhepunkt der Tour bildet der Besuch des Wildparks Schwarze Berge, den Sie etwa nach der Hälfte der Strecke erreichen.

↻　　Start/Ziel: S-Bahnhof Neuwiedenthal, GPS N 53°28.374' E 009°52.525'

↻　　10,5 km

⏳　　3 Std. 45 Min.

↑ ↓　180 m/180 m

⇧　　7-90 m

✎　　verschiedene Markierungen (u.a. gelbe und weiße Richtungspfeile, Markierung „HNF"), stellenweise Wanderwegweiser mit Entfernungsangaben

𝝟　　zahlreiche Bänke entlang des Weges, Rastplatz Wildpark Schwarze Berge (km 4,9)

✕　　Imbiss am S-Bahnhof Neuwiedenthal, Restaurant am Wildpark Schwarze Berge (km 4,9), Restaurant Waldschänke (km 7)

✝✝✝　Nicht nur für Kinder ist der Besuch des Wildparks Schwarze Berge ein Erlebnis.

🚲　　einige steile, teilweise auch sandige Abschnitte

🐕　　Am Start/Ziel gibt es eine kleine Hundeauslauffläche, am Waldfrieden (km 6,8) eine sehr große Hundewiese. Ansonsten müssen Hunde fast auf der gesamten Strecke an der Leine geführt werden. Wasser und ein Trinkgefäß sollten mitgenommen werden.

🚌　　am Start/Ziel Linie 250 zum Bahnhof Altona, 251 Richtung Finkenwerder und 340 über Wildpark Schwarze Berge und Kiekeberg zum Bahnhof Harburg; Haltestelle Wildpark Schwarze Berge (km 4,9): Linie 340 Richtung S-Bahnhof Neuwiedenthal bzw. Bahnhof Harburg; Haltestelle Waldfrieden (km 6,9): Linie 240 Richtung S-Bahnhof Neugraben

🚆　　am Start/Ziel S3 und S31 Richtung Hauptbahnhof bzw. Stade

P Am Ausgangspunkt stehen südlich der Bahn einige Parkplätze zur Verfügung, die wochentags aber meist belegt sind. Ansonsten findet man nördlich der Bahn Parkmöglichkeiten.

☺ *Die Wanderung lässt sich wunderbar mit Tour 13 kombinieren. Vom Eingang zum Parkplatz des Wildparks führt etwas links versetzt ein Feldweg Richtung Osten, auf dem Sie nach gut 500 m auf den anderen Wanderweg stoßen.*

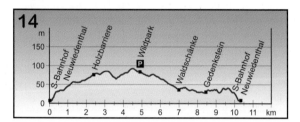

Sie beginnen die Wanderung an der Bushaltestelle im Süden des S-Bahnhofes Neuwiedenthal. Gegenüber auf der anderen Straßenseite finden Sie einen Pfad neben einer kleinen, eingezäunten Hundeauslauffläche. Auf diesem Pfad kommen Sie zur stark befahrenen B73, die Sie überqueren. Leicht rechts versetzt führt zwischen zwei Laubbäumen ein Pfad durch dichten Laubwald aufwärts. Sie folgen dem Pfad, halten sich an den Verzweigungen rechts und gelangen schließlich auf einer Lichtung an eine Kreuzung mit Wanderweghinweisen. Hier betreten Sie das NSG Fischbeker Heide (☞ Tour 15).

Sie halten sich hier links und gehen etwa 10 m weiter an der nächsten Gabelung erneut nach links und treffen am Ende auf den Scharpenbargsweg, auf dem Sie ebenfalls nach links gehen. Etwa 50 m weiter biegen Sie rechts ab, gelbe Richtungspfeile markieren die Stelle. Sie wandern durch einen dichten Mischwald, gehen am Ende des Weges rechts und an der nächsten Gabelung links.

Folgen Sie jetzt den gelben und weißen Richtungspfeilen, bis Sie unmittelbar vor Wohnbebauung und einer Spielstraße an eine Abzweigung gelangen. Hier führt der mit gelben Richtungspfeilen markierte Wanderweg nach links. Sie gehen aber weiter geradeaus, überqueren wenig später geradeaus den Talweg und folgen dem Wanderweg in südliche Richtung, bis Sie nach etwa 500 m auf den Neugrabener Heideweg stoßen. Sie halten sich links, überqueren an einer größeren Kreuzung den Bredenbergsweg und folgen der Markierung „HNF", bis Sie an eine Holzbarriere stoßen, die Kraftfahrzeugen den Weg versperrt.

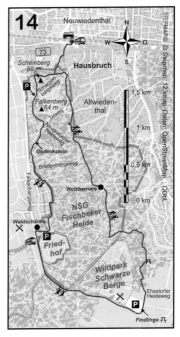

Gleich dahinter passieren Sie die Einfahrt zu einem schön im Wald gelegenen Haus und gelangen kurz darauf an eine Kreuzung mit zahlreichen Wegweisern. Sie gehen rechts Richtung Kiekeberg und folgen weiter der Markierung „HNF".

Etwa 250 m weiter kommen Sie an einer Wegkreuzung unter einer riesigen Buche an eine Holzbank. Sie gehen weiter geradeaus. An der nächsten Gabelung verlassen Sie den mit „HNF" markierten Weg und folgen dem gelben Pfeil Richtung „Ki" (Kiekeberg) geradeaus. Nach 200 m führt links ein Waldweg steil bergab. Er ist mit einem gelben Pfeil Richtung Wildpark markiert. Sie folgen dem Weg und können sich jetzt an die Wegweiser Richtung Wildpark halten.

An einem kleinen Rastplatz mit Tisch und zwei Bänken halten Sie sich rechts und wandern weiter, bis Sie nach einem kurzen, aber steilen Anstieg unmittelbar vor einigen Häusern an eine unbefestigte Straße kommen, auf der Sie zum asphaltierten Ehestorfer Heideweg gelangen.

In der Linkskurve der Straße gehen Sie geradeaus weiter und sind in kurzer Zeit am Eingang zum Parkplatz vom Wildpark Schwarze Berge. Direkt daneben finden Sie zwischen großen Findlingen einen schönen Rastplatz.

Im Wildpark Schwarze Berge

❦ Wildpark Schwarze Berge

Hängebauchschweine sind das Markenzeichen des 1969 eröffneten Wildparks Schwarze Berge. Die putzigen Tiere laufen in einem mit Bodengittern abgetrennten Teil des Parkes frei herum und lassen sich bereitwillig füttern und streicheln. In dem etwa 50 ha großen naturnahen Park kann man viele einheimische Tiere, aber auch besondere Arten wie Wisent, Elch, Wolf oder Braunbär beobachten. Weitere Highlights sind die täglich stattfindende Vogel-Flugshow und der 31 m hohe Elbblickturm, von dem man bei gutem Wetter eine herrliche Sicht nach Norden auf die Hansestadt Hamburg hat.

◆   Wildpark Schwarze Berge, Am Wildpark 1, 21224 Rosengarten,
     ☎ 040/81 97 74 70, 🖳 www.wildpark-schwarze-berge.de, 🕓 April bis Okt 8:00-
     18:00, Nov bis März 9:00-17:00, Eintritt Erwachsene (ab 15 Jahre) € 9, Kinder
     € 7. 🐕 Hunde sind an der kurzen Leine erlaubt.

✕   Wildpark-Restaurant Schwarze Berge, Am Wildpark 1, 21224 Rosengarten,
     ☎ 040/81 97 74 740, 🖳 www.wildpark-restaurant.de, 🕓 Mo bis Do und Sa
     11:00-21:00, Fr 11:00-22:00, So 8:30-21:00

☺   Wenn Sie im Wildpark
waren, können Sie am Parkplatz
einen der zahlreichen Stichwege
nehmen, die nach Süden auf
einen Wanderweg führen, auf
dem Sie nach rechts gehen. Wer
dem Wildpark keinen Besuch
abstatten will, läuft am Ein-
gangstor vorbei und hält sich an
der Ecke des Parkplatzes rechts,
den Hinweisen nach Neugraben
folgend.

*Eingang zum
Wildpark Schwarze Berge*

Die nächsten 1,5 km folgen
Sie dem gut ausgebauten Wanderweg, der stets abwärts führt.
Sie kommen an eine große
Wiese, die im nördlichen Teil als Hundeauslaufzone ausgewiesen ist,
und gehen unmittelbar vor ihr nach rechts Richtung S-Bahn Neuwiedenthal.

An der Busendhaltestelle Waldfrieden vorbei gelangen Sie auf den
Falkenbergsweg und biegen direkt vor dem Restaurant Waldschänke
(🕓 Mi bis So 10:00-18:00) rechts ab.

Am Parkplatz vom Friedhof nehmen Sie den Waldweg links, an der
nächsten Kreuzung gehen Sie geradeaus. Etwa 100 m weiter erreichen
Sie an einer kleinen Lichtung mit einer Bank erneut eine Kreuzung.
Hier gehen Sie links und folgen nicht den Richtungspfeilen.

Sie wandern am Rande eines links liegenden Wohngebietes entlang, bis Sie auf den Bredenbergsweg stoßen, den Sie überqueren. Dahinter gehen Sie auf dem Trampelpfad bergauf und folgen nach 50 m an der Kreuzung weiter geradeaus der Markierung „N3", bis sich der Weg vor einer großen Wiese gabelt. Hier gehen Sie rechts auf einen großen Findling zu. Eine Inschrift auf dem Stein erinnert an das Außenlager Neugraben des KZ Neuengamme, in dem von September 1944 bis Februar 1945 bis zu 500 tschechische Jüdinnen gefangen gehalten und als Zwangsarbeiterinnen beim Bau der Siedlung am Falkenberg einge-setzt wurden.

Gelände des ehemaligen KZ-Außenlagers

Sie folgen dem Weg, bis Sie am Neugrabener Heideweg an eine Kreuzung mit fünf Wegen stoßen. Hier halten Sie sich halb links und folgen dem mit „N3" markierten Weg, der an der Westseite des Falken-bergs vorbeiführt.

Falkenberg

Der knapp 65 m hohe Falkenberg spielte schon früh eine Rolle in der Geschichte Hamburgs. Ab dem 11. Jh. stand auf dem Gipfel eine Burg, von der heute allerdings nur vereinzelte Mauerstücke am Hang übrig sind. Laut einer Sage sollen in der Burg etwa 400 Jahre später auch die gefürchteten Seeräuber Klaus Störtebeker und Gödeke Michels Zuflucht gesucht haben. Angeblich sollen sie sogar einen ihrer Schätze am Berg vergraben haben, was jedoch bis heute nicht nachgewiesen werden konnte. Trotzdem erinnern viele Straßennamen in unmittelbarer Umgebung des Falkenberges noch heute an die berühmten Piraten.

In der Neugrabener Heide

Sie folgen weiter dem „N3" und erreichen am Scharpenbargsweg einen großen Parkplatz. Auf der breiten Schotterstraße gehen Sie weiter geradeaus, biegen aber nach etwa 20 m links auf einen kleinen, aufwärts führenden Pfad ab. An der nächsten Gabelung halten Sie sich links und biegen an der folgenden Kreuzung rechts ab. Sie wandern jetzt an der Nordseite des Scheinbergs entlang und erreichen eine Kreuzung. Hier kämen Sie rechts nach wenigen Metern auf den Gipfel des Scheinbergs. Der Wanderweg aber führt nach links. Nach Norden hin können Sie zwischen den Bäumen hindurch weit über Neuwiedenthal hinaus die Containerbrücken des Containerterminals Altenwerder sehen.

Sie wandern auf dem Weg weiter, der schließlich steil abwärts führt und auf die bereits vom Hinweg bekannte Kreuzung trifft, von der Sie auf derselben Strecke wieder zum Ausgangspunkt am S-Bahnhof Neuwiedenthal zurückwandern.

01.05.16

⑮ Harburger Berge: Fischbektal

Tour für Liebhaber von Natur und Frühgeschichte

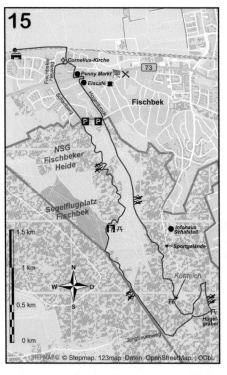

Die Rundtour verläuft zum größten Teil durch die Fischbeker Heide, das drittgrößte Naturschutzgebiet Hamburgs.

Der Weg lohnt sich nicht nur zwischen Anfang August und September, wenn die Besenheide blüht und sich riesige violette Pflanzenteppiche ausbreiten und die Landschaft in kräftigen Farben zum Leuchten bringen. Auch zu anderen Zeiten hat die hügelige, während der letzten Eiszeit entstandene Moränenlandschaft ihren Reiz, und mit etwas Glück stoßen Sie auf die große Heidschnuckenherde, die täglich vom Schafstall aus durch die Heide geführt wird. Und nicht zu vergessen ist der Archäologische Wanderpfad, der zu mehreren Großstein- und Hügelgräbern aus der Stein- und Bronzezeit führt.

   ↻   Start/Ziel: S-Bahnhof Fischbek, GPS N 53°28.491' E 009°49.090'

   ➲   12,6 km

   ⧖   3 Std. 45 Min.

↑↓ 220 m/220 m

⇧ 5-90 m

✎ Der Wanderweg verläuft auf dem ersten Streckenabschnitt auf derselben Route wie der Heidschnuckenweg, der mit einem „H" markiert ist, und der Europäische Fernwanderweg E1, der mit einem weißen Kreuz auf schwarzem Grund gekennzeichnet ist. Vielfach gibt es gelbe Richtungspfeile, stellenweise Wanderwegweiser mit Entfernungsangaben.

🜊 zahlreiche Bänke entlang des Weges, weitere schöne Rastplätze: auf der Hügelkuppe (km 2,7), am Segelflugplatz (km 3,9), Rastplatz Hügelgräber (km 6,6), Rastplatz Kuhteich (km 7,8)

✕ Bistro im Penny-Markt (km 11,3)

☕ Eiscafé an der B73 (km 11,2)

👪 Am Flugplatz (km 3,9) können Segelflieger beobachtet werden, allerdings nur im Sommer und nur an Wochenenden.

🚴 einige steile, teilweise auch sandige Abschnitte

🐕 Nahezu auf der gesamten Strecke müssen Hunde an der Leine geführt werden. Wasser und ein Trinkgefäß sollten mitgenommen werden.

🚌 Haltestelle Fischbeker Heuweg (km 1,3): Linien 240 und 251 Richtung S-Bahn Neugraben; Rostweg (km 11,7): Linien 240 und 251 Richtung S-Bahn Neugraben

🚈 am Start/Ziel S3 Richtung Hauptbahnhof bzw. Stade

🅿 Wer mit dem Pkw anreisen will, findet am Ende des Scharlbarg einen guten Wanderparkplatz (GPS N 53°28.000' E 009°49.907). Die Wanderung beginnt dann direkt am Naturschutzgebiet und ist nur noch 9,1 km lang.

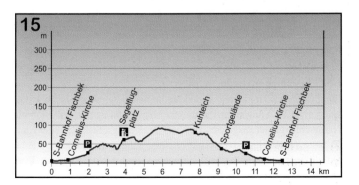

Sie verlassen den Haltepunkt Fischbek nach Norden Richtung Marschen und wandern auf dem Weg entlang der Gleise nach rechts. Nach etwa 750 m gehen Sie rechts über den Bahnübergang und an der Cornelius-Kirche erneut rechts. An der nächsten Möglichkeit gehen Sie nach links auf den Fischbeker Heuweg und folgen ihm bis zur B73, die über Buxtehude und Stade nach Cuxhaven führt. Sie überqueren die verkehrsreiche Straße und folgen dem Scharlbarg, bis er nach 600 m am Wanderparkplatz eine Linkskurve beschreibt. Hier verlassen Sie die Straße und gehen geradeaus in das Naturschutzgebiet Fischbeker Heide.

Wegmarkierungen in der Fischbeker Heide

NSG Fischbeker Heide

Die Fischbeker Heide liegt in den Stadtteilen Neugraben-Fischbek und Hausbruch im Südwesten Hamburgs. Mit 773 ha ist das seit 1958 als Naturschutzgebiet ausgewiesene Areal eines der größten NSG der Hansestadt. Weitflächige Heidelandschaften, schöne Laubwälder, kleine Quellmoore und idyllische Waldwiesen sind hier zu finden. Eine Besiedlung des Gebietes kann ab der Jungsteinzeit nachgewiesen werden. Zahlreiche Bodendenkmäler aus dieser Zeit sind erhalten und können entlang des Archäologischen Wanderpfades erkundet werden.

Ursprünglich war das Gebiet gänzlich von Wäldern bewachsen, doch die Nutzung der Flächen als Weideland sowie Rodungen haben die Wälder seit der Jungsteinzeit verdrängt, sodass eine typische Heidelandschaft entstehen konnte.

Heute wird die Heide durch eine Schafherde und Rodungen künstlich erhalten, da ohne diese Maßnahmen der Wald wieder überhandnehmen und die einmalige Kulturlandschaft verschwinden würde. Während für die Lüneburger Heide der Wacholder typisch ist, sind es für die Fischbeker Heide vor allem Kiefern und Birken. Viele seltene und schöne Tier- und Pflanzenarten leben im NSG, so z.B. die Heidelibelle, die Zauneidechse oder der Sonnentau. Im NSG Fischbeker Heide befindet sich außerdem mit 116,2 m die höchste Erhebung Hamburgs, der Hasselbrack.

Wanderer in der Fischbeker Heide

Sie wandern nun auf sandigen Pfaden und Wegen mal auf, mal ab und folgen den Markierungen für den Heidschnuckenweg bzw. den E1. Nach links haben Sie einen wunderschönen Blick in die Heideland-schaft des Fischbektals. Etwa 800 m hinter dem Parkplatz erreichen Sie eine Kuppe, von der Sie eine wunderbare Aussicht in die Heide und auf die andere Seite der Elbe haben. Eine Bank bietet sich für eine erste Rast an.

Sie folgen weiter den Markierungen, kreuzen einige andere Wan-derwege und gehen schließlich steil aufwärts in einen Kiefernwald hinein. Am Ende des Aufstiegs befinden Sie sich erneut auf einer Hügelkuppe in freier Heidelandschaft mit herrlicher Aussicht am Ende der Landebahn des Segelflugplatzes Fischbek. Hinter dem Flugplatz können Sie weit bis über die Elbe sehen und links geht der Blick in das Fischbektal. Ein sehr schöner Platz für eine Rast.

☺   Wer selbst einmal in einen Segelflieger einsteigen möchte, kann während der Saison an Wochenenden und Feiertagen beim Segelflug-Club Fischbek einen Rundflug buchen. Pro Person kostet ein Flug € 25.

♦   ☎ 040/701 89 30, 🖥 www.segelflugclub-fischbek.de

Sie folgen weiter den Markierungen und kommen auf eine weitere Hügelkuppe, an der die Grenze zwischen Hamburg und Niedersachsen verläuft. Sie biegen hier links ab Richtung Tempelberg und halten sich weiter an die Markierungen.

Etwa 800 m weiter heißt es aufpassen. Dort führt ein kleiner Pfad rechts ab in den Wald. Die Abzweigung ist zwar markiert, kann aber leicht übersehen werden. Auf und ab wandernd stoßen Sie auf eine breite Forststraße, den Jungfrauenweg.

Sie gehen hier nach links und verlassen den Heidschnuckenweg und den E1 und folgen dem gelben Richtungspfeil, stoßen auf eine Schot-terstraße und biegen gleich links ab auf den Archäologischen Wander-pfad. Zahlreiche Infotafeln und restaurierte Grabstellen entlang des Weges vermitteln interessante Informationen über die Frühgeschichte der Region.

Archäologischer Wanderpfad Fischbeker Heide

In den 1970er-Jahren nahm das Archäologische Museum Hamburg (ehemals Helms-Museum) Ausgrabungen in der Fischbeker Heide vor und legte dabei den Archäologischen Wanderpfad an. Im Jahr 2002 wurden die Grabanlagen restauriert und neue, zeitgemäße Schautafeln aufgestellt. Die hier gefundenen Gräber stammen aus einer Zeit ab etwa 3.500 v.Chr. Zu den ältesten Funden zählen die Großsteingräber der Jungsteinzeit. Erst in der Mittleren Bronzezeit lösten Hügelgräber die zuvor typischen Großsteingräber ab.

Rekonstruktion eines Hügelgrabes

Sie passieren eine Streuobstwiese und gelangen an einen Notruf. Dort halten Sie sich links und folgen gleich wieder rechts dem Archäologischen Wanderpfad. Einige kleine Wochenendhäuser stehen an dem Weg, der Sie zu mehreren interessant hergerichteten Hügelgräbern mit entsprechenden Informationstafeln führt. Hier finden Sie auch einen sehr schönen Rastplatz mit Tischen und Bänken im dichten Buchenwald.

Der Wanderweg führt noch vor den Hügelgräbern links abwärts. An seinem Ende gehen Sie erneut links und an der nächsten Gabelung knapp 100 m weiter wieder links. Auch an der nächsten Gabelung halten Sie sich links und biegen dann kurz vor dem Erreichen des Notrufes rechts ab hinunter in das Fischbektal.

Unten angekommen stoßen Sie auf den sogenannten Kuhteich, ein idyllisches kleines Gewässer, an dessen Ufer Holzbänke und -tische stehen. Auch hier kann man schön eine Pause einlegen.

Der Kuhteich im Fischbektal

Am Kuhteich gehen Sie rechts und sofort wieder links aufwärts durch einen schönen Mischwald mit Birken, Buchen und Eichen. Sie folgen den gelben Richtungspfeilen, bis Sie an das Sportgelände der Freiluftschule Neugraben stoßen.

Hier lohnt ein kurzer Abstecher zum Naturschutz-Informationshaus Schafstall, das etwas links versetzt hinter den Sportplätzen liegt.

⌘ 🔲 Naturschutz-Informationshaus Schafstall

Im „Schafstall" können interessierte Besucher nähere Informationen zur Entstehungsgeschichte der Fischbeker Heide und zu nötigen Pflegemaßnahmen zur Erhaltung dieser Landschaftsform erhalten. Außerdem sind dauerhaft Präparate von in der Heide lebenden Tieren ausgestellt.

Gleich neben dem Ausstellungsgebäude befindet sich der „echte" Schafstall, in dem etwa 400 Heidschnucken Unterschlupf finden, die täglich von der Schäferin in die Heide geführt werden. Das Infohaus wird u.a. von der Loki Schmidt Stiftung betreut. Loki Schmidt, eine der herausragenden Persönlichkeiten Hamburgs, verbrachte einen Teil ihrer Jugend bei ihrer Großmutter in der Fischbeker Heide.

◆ Naturschutz-Informationshaus Schafstall, Fischbeker Heideweg 43a,
21149 Hamburg, ☎ 040/702 66 18, 💻 www.stiftung-naturschutz-hh.de,
🕐 Di bis Fr 9:00-13:00, So und Fei 11:00-17:00, Eintritt frei

Am Sportplatz vorbei folgen Sie den gelben Richtungspfeilen und dann den Wanderwegweisern Richtung S-Bahn Fischbek. Sie wandern erneut abwärts ins Fischbektal, wo Sie auf einen breiten Forstweg treffen. Sie folgen ihm geradeaus, bis Sie am Ende des NSG an einen Parkplatz und eine Asphaltstraße stoßen.

🖐 Pkw-Fahrer, die ihr Fahrzeug auf dem Parkplatz am Scharlbarg abgestellt haben, gehen hier links.

Alle anderen wandern weiter geradeaus in die Wohnstraße Hogenbrook hinein und folgen ihr bis zum Ende. Dort finden Sie ein beliebtes Eiscafé, das allerdings im Winter geschlossen ist.

Sie überqueren die B73, gehen nach links, am Penny-Markt (mit Bistro) vorbei und dann gleich rechts in die Straße Borchersweg. Am Ende laufen Sie links direkt auf die Cornelius-Kirche zu, wo Sie auf die bereits vom Hinweg bekannte Route stoßen, der Sie bis zu Ihrem Ausgangspunkt folgen.

Apfelblüte im Alten Land (Touren 16 bis 18)

⑯ Altes Land: von Buxtehude an die Elbe zum Estesperrwerk ⅛ ✕ ⚓

Tour für Liebhaber historischer Städte   ♦♦♦ 🐿 🐿 🐈 🐈

Die Wanderung führt von Buxtehude über Estebrügge und HH-Cranz bis zum Estesperrwerk in HH-Neuenfelde. Die Wanderung verläuft bis auf wenige Ausnahmen immer nahe an der Este entlang. Der Fluss bildet die Grenze zwischen Zweiter und Dritter Meile des Alten Landes, das zu den größten Obstanbaugebieten Europas gehört. Ein Highlight auf dieser Wanderung ist sicherlich die Altstadt von Buxtehude, aber auch Estebrügge und Cranz gehören zu den sehenswerten Orten. Auch die, die sich für Technik interessieren, kommen auf ihre Kosten: Die Wanderung führt dicht an der Sietas-Werft vorbei und endet am Estesperrwerk mit seiner beeindruckenden Klappbrücke und schönem Blick über die Elbe auf Blankenese.

→   Start: Bahnhof Buxtehude, GPS N 53°28.237' E 009°41.337';
      Ziel: Estesperrwerk HH-Neuenfelde, GPS N 53°32.116' E 009°47.395'

↻   13,6 km

⧗   3 Std. 30 Min.

↑↓   auf der ganzen Strecke nur unwesentliche An- und Abstiege

⇧   0-6 m

✎   keine Markierung

⅛   Bänke in z.T. kurzen Abständen entlang des Weges, mehrere schöne Rastmöglichkeiten

✕   zahlreiche Einkehrmöglichkeiten in Buxtehude, besonders empfehlenswerte im Bereich der Altstadt, und in Estebrügge (km 6,4), Restaurant Hintze (km 11,3), weitere Einkehrmöglichkeiten in Cranz (km 12,5)

🐿   nur am Ende der Tour eine längere Treppe

🐈   Wer seinen Hund nicht aus der Este trinken lassen will, sollte Wasser und ein Trinkgefäß mitnehmen.

🚌   am Start Linie 2031 nach Estebrügge; Haltestelle Estebrügge/Ortsmitte (km 6,4): Linie 2031 nach Buxtehude; Haltestelle Estebogen (km 11,7): Linie 150 über Cranz zum Bahnhof Altona; am Ziel Linie 150 zum Bahnhof Altona

am Start S-Bahn S3 Richtung Hamburg

 am Estesperrwerk sowie in Cranz (km 12,6) Fähre nach Blankenese

P Parkmöglichkeiten direkt am Bahnhof Buxtehude

☺ *Unterwegs haben Sie mehrfach die Möglichkeit, Obst, Frucht-säfte, Marmeladen und Gelees sowie Gemüse und Eier direkt vom Erzeuger zu kaufen.*

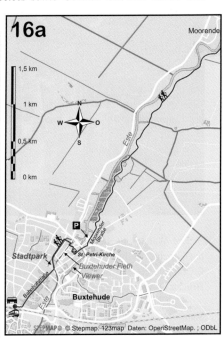

Buxtehude

Buxtehude, etwas süd-westlich von Hamburg an der Este gelegen, ist eine mehr als 1.000 Jahre alte Stadt. Die gut 40.000 Einwohner verteilen sich auf acht Ortsteile. Besonders sehenswert ist die Altstadt mit vielen gut erhaltenen historischen Fachwerkhäusern und der bemerkenswerten gotischen St.-Petri-Kirche, die Ende des 13. Jh. erbaut wurde. Der für seine Tafelmalerei berühmte Halepagen-Altar der Kirche stammt aus dem frühen 16. Jh.

Buxtehude ist auch als Märchenstadt bekannt und liegt an der Deutschen Märchenstraße. Zahlreiche alte Märchen spielen in Buxtehude und auch einige Kinderbücher erwähnen diese Stadt, so z.B. Ottfried Preußlers „Der Räuber Hotzenplotz".

Weithin bekannt ist auch die in Buxtehude spielende Fabel vom Wettlauf zwischen Hase und Igel, bei dem der Igel mithilfe eines simplen Tricks gewann.

ℹ   Stadt-Information Buxtehude, Viverstraße 1, 21614 Buxtehude, ☎ 041 61/501 23 45, 🖥 www.buxtehude.de, 🕓 Mo bis Fr 10:00-12:00 und 13:00-17:00, Do bis 18:00, Sa 10:00-12:00. Die Information befindet sich direkt am Busbahnhof.

Am Buxtehuder Fleth gibt es viele Einkehrmöglichkeiten

Die Wanderung beginnt am Bahnhof von Buxtehude. Sie gehen nach rechts Richtung Altstadt und biegen dann gleich links in die Bahnhofstraße ein. Sie folgen der Straße, bis Sie unmittelbar vor der Brücke über die Este links in den Stadtpark einbiegen.

Este

Die Este entspringt im NSG Lüneburger Heide und fließt dann 45 km durch Niedersachsen, bis sie schließlich in Hamburg bei Cranz in die Elbe mündet.

Sie gehen am kleinen Stadtparksee vorbei und bleiben dicht an der Este, passieren zwei Brücken über den Fluss und überqueren ihn dann auf der dritten. Am Ende der Straße gehen Sie rechts und dann gleich wieder links über das Buxtehuder Fleth, das links und rechts von schönen Häusern mit zahlreichen Restaurants und Cafés flankiert wird. Sie kommen jetzt in den schönsten Teil der Altstadt, gehen am Ende der Straße rechts und an der St.-Petri-Kirche vorbei bis zur Kirchenstraße. Dort biegen Sie links ab und gehen an der Kirche vorbei bis zur Fußgängerzone Lange Straße, die die Haupteinkaufsstraße Buxtehudes ist.

An der Langen Straße gehen Sie links, überqueren den historischen Stadtgraben Viewer (sprich: Fiewer), gehen an der Kreuzung gleich dahinter geradeaus weiter und biegen dann links in die Moorender Straße. Nach wenigen Metern erreichen Sie eine Zufahrt zu einem Parkplatz. Von nun an wird die Orientierung leichter. Bis nach Este-brügge wandern Sie auf dem Deich der Este. Dabei passieren Sie das

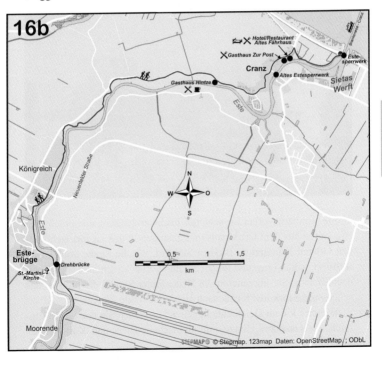

lang gestreckte Straßendorf Moorende und erreichen schließlich die Drehbrücke über die Este, auf der Sie nach links in den Ort Estebrügge hineingehen. Gleich hinter der Brücke führt der Wanderweg nach rechts.

☺   Es lohnt sich ein kurzer Abstecher zur Kirche St. Martini mit ihrem eigenartig verdrehten Holzturm.

St. Martini in Estebrügge

Sie wandern vorbei an schönen Fachwerkhäusern mit prächtigen Brauttüren aus dem Ort hinaus und gelangen in den zu Jork gehörenden Ortsteil Königreich. Bleiben Sie dort, wo die Straße vom Deich fortführt, weiter oben und folgen Sie ihm vorbei an schönen alten Reetdachhäusern. Sie überqueren die Neuenfelder Straße, die links in das sehenswerte Jork und rechts nach HH-Neuenfelde führt.

Weiter auf dem Deich entlanggehend erreichen Sie noch in Königreich das Gasthaus Hintze mit idyllischem Bier- und Kaffeegarten direkt an der Este.

✗ 🍴 Restaurant Hintze, Leeswig 106, 21635 Jork/Königreich, ☎ 040/745 93 86,
💻 www.hintzes.de, 🕐 Fr bis Mi 10:00:18:00, Do Ruhetag, zur Obstblüte im April
und Mai auch Do geöffnet

Ein Platz auf der Bank in Estebrügge ist stets besetzt

Kurz hinter dem Restaurant kommen Sie am Estebogen in den Hamburger Ortsteil Cranz.

Cranz

Cranz ist einer der westlichsten Ortsteile der Hansestadt Hamburg und hat etwa 900 Einwohner. Prägend für den Ort ist neben dem Obstanbau vor allem das Estesperrwerk.

Sie überqueren die Straße und gehen auf der anderen Seite wieder auf den Deich hinauf. Vorbei am alten Estesperrwerk passieren Sie das Gasthaus Zur Post und wenig später das Hotel/Restaurant Altes Fährhaus, beide mit schönen, direkt an der Este gelegenen Gärten.

✕   Gasthaus Zur Post, Estedeich 88, 21129 Hamburg, ☎ 040/745 94 09,
⌨ www.gasthaus-zur-post-cranz.de, ⧖ Mi bis So 11:00-15:00 und 17:00-21:00,
im Winter kürzere Öffnungszeiten

✕ 🛏 Hotel/Restaurant Altes Fährhaus, Estedeich 94, 21129 Hamburg,
☎ 040/745 91 32, ⌨ www.altes-faehrhaus.com, ⧖ Mi Ruhetag, sonst 12:00-
21:00, So nur bis 18:00, an Wochentagen 15:00-18:00 geschlossen, im Winter
kürzere Öffnungszeiten

🚢 Direkt beim Alten Fährhaus befindet sich der Schiffsanleger
Cranz, von dem die Fähre nach Blankenese ablegt.

Etwa 100 m hinter dem Alten Fährhaus verlassen Sie den Deich
nach rechts auf den Estewanderweg zum Sperrwerk. Ein schon sehr
verblasster Wanderwegweiser zeigt die Richtung. Der Weg führt dicht
am Ufer der Este entlang direkt gegenüber der Sietas-Werft bis zum
Estesperrwerk, wo Sie das Ziel dieser Wanderung erreicht haben.

Die Sietas Werft kann nur Schiffe bis 40 m Breite bauen

Sietas-Werft und Estesperrwerk

Die Schiffswerft J. J. Sietas wurde schon im Jahre 1635 gegründet und ist somit einer der ältesten Betriebe Hamburgs. Von Mitte bis Ende des 20. Jh. wurden vor allem Küstenmotorschiffe gebaut, die seit den 1980er-Jahren nach und nach von Container- und Schwergutschiffen abgelöst wurden.

Neuerdings wurde die Produktion vollständig auf den Bau von Spezialschiffen umgestellt, so werden z.B. Offshore-Schiffe für Öl-, Gas- und Windanlagen gebaut. Die schwache Wirtschaft in den letzten Jahren machte auch der Sietas-Gruppe zu schaffen, sodass es heute schlecht um die Werft steht. Im Jahr 2011 wurde wegen ausbleibender Aufträge schließlich sogar ein Antrag auf Insolvenz gestellt. Der Prozess ist bis heute nicht abgeschlossen. Die Zukunft der Sietas-Werft und ihrer verbleibenden 150 Mitarbeiter ist derzeit noch unklar.

Klappbrücke am Estesperrwerk

Eng verbunden mit der Werft ist auch das Estesperrwerk. Die Durchfahrtsbreite des Sperrwerks ist auf 40 m begrenzt, was auch die Breite der in der Werft gebauten Schiffe limitiert. Das Sperrwerk wurde als Reaktion auf die große Sturmflut von 1962 erbaut und 1967 fertiggestellt. Die heutige Anlage mit der großen Klappbrücke und den zwei Toren ist allerdings ein Neubau aus den Jahren 1996-2000.

⑰ Altes Land: Jakobsweg vom Lühe-Anleger nach Horneburg ⩑ ✕ ⚓ ⌘

Tour für Liebhaber alter Fachwerkhäuser und Genießer frischen Obstes

Die Wanderung führt mitten durch das Alte Land, eines der größten geschlossenen Obstanbaugebiete Europas und ein beliebtes Ausflugsziel der Hamburger, die vor allem zur Zeit der Obstblüte in Scharen in die Region strömen. Angebaut werden hauptsächlich Äpfel (77 %) und Kirschen (13 %). Die zahlreichen, teilweise prunkvollen Fachwerkhäuser im typischen Stil des Alten Landes zeugen vom einstigen Reichtum der Region. Der Wanderweg verläuft die meiste Zeit unmittelbar am Ufer der Lühe, die die Grenze zwischen Erster und Zweiter Meile des Alten Landes bildet. Die hier vorgestellte Tour ist gleichzeitig eine Etappe des baltisch-westfälischen Jakobsweges Via Baltica, der von den baltischen Ländern über Rostock, Lübeck und Hamburg (☞ Touren 6 und 7) weiter nach Bremen und Osnabrück führt.

→   Start: Lühe-Anleger, GPS N 53°34.341' E 009°37.930'; Ziel: Bahnhof Horneburg, GPS N 53°30.543' E 009°34.584'

↻   10,7 km

⧖   2 Std. 30 Min.

↑ ↓   auf der ganzen Strecke nur unwesentliche An- und Abstiege

⇧   0-6 m

✎   gelbe Jakobsmuschel auf blauem Grund in kurzen Abständen, stellenweise Radwegweiser mit Entfernungsangaben

⩑   zahlreiche Bänke in z.T. kurzen Abständen entlang des Weges, mehrere schöne Rastmöglichkeiten

✕   am Start verschiedene Imbisse am Lühe-Anleger, ebenso gleich nach dem Start ein Imbiss (Fährstübchen) mit großer Auswahl an der Bushaltestelle, am Ziel mehrere Restaurants

🚼   nur zu Beginn eine Treppe, um über den Elbdeich zu gelangen

🐕   Wer seinen Hund nicht aus der Lühe trinken lassen will, sollte Wasser und ein Trinkgefäß mitnehmen.

am Start Linie 2357 nach Stade oder HH-Cranz und Linie 2708 nach HH-Finkenwerder, Haltestelle Neuenkirchen/Dorfstraße (km 7,2) und Horneburg/-Hafenstraße (km 9,4): Linie 2033 nach Horneburg Bf. bzw. Grünendeich; am Ziel Linie 2033 nach Grünendeich

 am Ziel S-Bahn S3 Richtung Hamburg

 am Start Lühe-Schulau-Fähre

 Parkplatz am Lühe-Anleger (gegen Gebühr, besonders an Wochenenden oft belegt), alternative Parkmöglichkeit in der Fährstraße hinter dem Deich

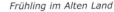

Frühling im Alten Land

☺ *Unterwegs gibt es mehrere Möglichkeiten, Obst direkt vom Erzeuger zu kaufen.*

☺ *Der Wanderweg lässt sich sehr gut mit der Tour Stade - Lühe-Anleger kombinieren (☞ Tour 18). Beide Strecken zusammen sind 27,9 km lang.*

📖 **Jakobsweg Via Baltica von Usedom nach Bremen** von Gisela Johannßen und Martin Simon, Conrad Stein Verlag, ISBN 978-3-86686-450-4, € 16,90

Vom Parkplatz am Lühe-Anleger in Grünendeich gehen Sie auf den Elbdeich und überqueren dahinter an der Fußgängerampel die Straße. Sie gehen weiter geradeaus am Fährstübchen vorbei und verlassen kurz darauf die Straße, um auf den Lühedeich zu gehen. Der Fluss wird jetzt bis kurz vor dem Ziel mit wenigen Ausnahmen Ihr ständiger Begleiter sein.

Der Lühe Anleger LA ist ein beliebtes Ausflugsziel

Lühe

Die Lühe ist ein auf seiner gesamten Länge von 12,7 km schiffbarer Nebenfluss der Elbe. Das Gewässer entsteht in Horneburg durch den Zusammenfluss von Aue und Landwettern und mündet bei Grünendeich am Lühe-Anleger in die Elbe. Die Lühe war besonders Anfang des 20. Jh. für die Region von Bedeutung, da sie als Haupttransportweg für Obst aus dem Alten Land genutzt wurde. Das relativ moderne Lühe-Sperrwerk ist Teil des Hochwasserschutzkonzeptes für die Elbe, das nach der schweren Sturmflut von 1962 konzipiert wurde und Überschwemmungen verhindern soll.

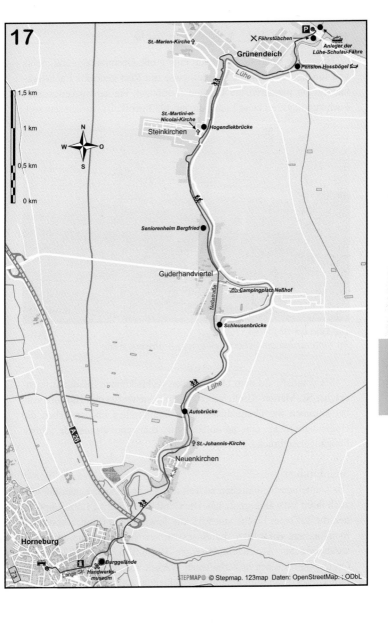

Hinter der Lühe sehen Sie auf eine große Obstplantage und rechts von Ihnen stehen schöne alte, teilweise mit Reet gedeckte Fachwerkhäuser. Sie passieren die Pension Hessbögel, ein sehenswertes altes Fachwerkhaus mit einer Eiche, die um 1713 gepflanzt worden sein soll.

Die Elbe bei Grünendeich,
im Hintergrund die Schornsteine vom Kraftwerk Wedel

Sie wandern auf dem Deich weiter, rechts können Sie die Grünendeicher St.-Marien-Kirche sehen. Dicht an sehenswerten Häusern vorbei kommen Sie übergangslos nach Steinkirchen und erreichen die Hogendiekbrücke, eine an holländische Bauwerke erinnernde schöne Fußgängerzugbrücke.

Steinkirchen

Die Gemeinde Steinkirchen ist Teil der Samtgemeinde Lühe, die hier auch ihren Verwaltungssitz hat. Die Gemeinde hat etwa 1.500 Einwohner, die auf einer Fläche von 9,55 km² leben. Einen Besuch wert ist in Steinkirchen vor allem die St.-Martini-et-Nicolai-Kirche mit ihrer weltberühmten Arp-Schnitger-Orgel. Diese von 1685-1687 erbaute Orgel gehört zu den besterhaltenen Werken von Arp Schnitger, der in Nordeuropa insgesamt über 100 verschiedene Orgeln baute.

Als Nächstes erreichen Sie den kleinen Hafen des Ortes. Etwa 200 m hinter der Hafenzufahrt zweigt rechts der Kirchstieg ab.

☺   Hier haben Sie die Gelegenheit, einen kurzen Abstecher zur Kirche St. Martini zu machen - ein kurzer Umweg, der sich lohnt. Sie können nach Besichtigung der Kirche auf der Hauptstraße weitergehen und treffen dann nach kurzer Zeit an der Bushaltestelle „Alter Marktplatz" kurz vor der Autobrücke über die Lühe wieder auf den Jakobsweg.

Sie bleiben auf dieser Seite der Lühe und wandern auf der Deichkrone weiter, vorbei an einem einzeln direkt auf dem Deich stehenden kleinen Fachwerkhaus. Kurz darauf kommen Sie nach Guderhandviertel.

Guderhandviertel

Wie Steinkirchen und Grünendeich gehört auch die Gemeinde Guderhandviertel zur Samtgemeinde Lühe. In Guderhandviertel wohnen auf 8,93 km² etwa 1.090 Einwohner.

Die Namensherkunft des Ortes ist unklar, aber zwei Theorien haben sich über die Jahre durchgesetzt. Die erste ist, dass die Gemeinde von Steinkirchen aus gesehen zur „guten rechten Hand" liegt, die zweite besagt, dass die Gemeinde ohne Kirche oder eigenen Pfarrer „der guten Hand" Gottes anvertraut sei.

Der Ort fällt durch die Vielzahl prächtiger alter Bauernhäuser auf, die meisten in vorbildlichem Zustand. Sie passieren das Seniorenheim Bergfried, ein hübscher, in die Gegend passender Neubau. Kurz darauf erreichen Sie ein besonders schönes, 1822 erbautes Fachwerkhaus mit Reetdach.

Etwa 200 m weiter kommen Sie erneut zu einem erwähnenswerten Bauernhaus und sind kurz darauf an einer weiteren Lühebrücke angelangt. Hier verlassen Sie für eine kurze Strecke den Deich und gehen hinter der nach Dollern führenden Straße in die Neßstraße. Vorbei am mit einer schönen Prunkpforte geschmückten Eingang zum Campingplatz Neßhof kommen Sie wieder zum Lühedeich.

Sie wandern erneut an einem sehenswerten Fachwerkhaus vorbei und erreichen die alte Schleusenbrücke. Sie gehen geradeaus, passieren weitere hübsch verzierte Fachwerkhäuser und kommen gleich hinter einem Gasthof an eine Autobrücke über die Lühe. Hier wechseln Sie die Flussseite und sind am anderen Ufer in Neuenkirchen.

Neuenkirchen
Auch Neuenkirchen gehört zur Samtgemeinde Lühe. Mit nur 839 Einwohnern auf einer Fläche von 8,04 km² ist sie die Gemeinde mit der geringsten Bevölkerungszahl in der Samtgemeinde.

Hinter der Brücke gehen Sie rechts auf dem Deich bis zur sehenswerten Fachwerkkirche St. Johannis mit ihrem hölzernen Turm. Kurz dahinter verlassen Sie die Hauptstraße und folgen dem Deich nach rechts, bis Sie wieder an die Hauptstraße gelangen. Sie wandern auf dem Fußweg neben der Kreisstraße weiter, unterqueren die Autobahn, verlassen die Kreisstraße etwa 250 m weiter nach rechts und erreichen Horneburg.

Horneburg
Der Flecken Horneburg ist Teil der gleichnamigen Samtgemeinde. Der Ort hat eine Fläche von über 17 km² und knapp 5.750 Einwohner. Horneburg ist eine sehr alte Siedlung, nachweislich lebten hier schon um etwa 3.500 v.Chr. Menschen. Diese Zeit kann auf einem archäologischen Lehrpfad mit Großsteingräbern erforscht werden. Der Pfad befindet sich in der Nähe des historischen Guts Daudieck, heute ein Gutshof, der vor allem Bio-Schweine züchtet. Die Horneburg, von der der Ort seinen Namen hat, wurde im Jahre 1255 erbaut.

Sehenswerte Gebäude in Horneburg sind u.a. die Liebfrauenkirche, die 1632 wieder aufgebaut wurde, und das Schloss im Schlosspark, welches 1886 zu einem zweigeschossigen Herrenhaus im Tudorstil umgebaut wurde.

Außerdem lohnt es sich, den sehr alten Burgmannshof von 1509/10 und das alte Rathaus, das 1615 erbaut und 1862 umgestaltet wurde, anzuschauen. Das Alte Zollhaus, ein gut erhaltenes Fachwerkhaus, ist auch erwähnenswert. Lohnend ist zudem der Besuch des Handwerksmuseum, das eine Austellung zum regionalen Handwerk (Schmiede, Sattlerei, Stellmacherei, Böttcherei etc.) zwischen dem 17. und 19. Jh. beherbergt.

🛈 Tourist-Information Horneburg, Lange Straße 29, 21640 Horneburg, ☎ 041 63/86 80 30, 💻 www.horneburg.de, 🕭 wochentags 9:00-18:00

⌘ Handwerksmuseum der Samtgemeinde Horneburg, Marschdamm 2c, 21640 Horneburg, ☎ 041 63/63 20, 🕭 Di bis Do 9:00-12:00 und am ersten und dritten So jeden Monats 15:00-17:00, Eintritt frei, Spenden erwünscht

Die Liebfrauenkirche in Horneburg

Sie überqueren die Lühe, gehen am Burggelände vorbei und biegen noch vor der Kirche rechts in die Lange Straße ein. An deren Ende halten Sie sich rechts und gehen etwa 100 m weiter links in die Bahnhofstraße, auf der Sie zum Bahnhof kommen.

⑱ Altes Land: von Stade bis zum Lühe-Anleger in Grünendeich   ⊼ ✕ ⚒ WC ≋ ⌘

Tour für Liebhaber historischer Städte und schöner Strände

Die Hansestadt Stade, einst mächtiger und größer als Hamburg, ist allein schon eine Reise wert. Die historische Altstadt, in den letzten 30 Jahren vorbildlich saniert, bietet ein malerisches Stadtbild mit verwinkelten Gassen, wunderschönen Fassaden, imposanten Gebäuden und dem alten Hansehafen. Die Wanderung führt an die schönsten Stellen der historischen Altstadt und dann hinein in das Alte Land, eines der größten geschlossenen Obstanbaugebiete Europas, das vor allem zur Blütezeit der Obstbäume ein beliebtes Ausflugsziel der Hamburger ist. Und noch etwas hat die Elbe auf diesem Abschnitt zu bieten: wunderbare breite Sandstrände direkt an der Fahrrinne eines viel befahrenen Schifffahrtweges.

→   Start: Bahnhof Stade, GPS N 53°35.776' E 009°28.653';
        Ziel: Lühe-Anleger, GPS N 53°34.341' E 009°37.930'

⊃   15,2 km

⧖   4 Std.

↑ ↓   auf der ganzen Strecke nur unwesentliche An- und Abstiege

⇧   0-5 m

✎   stellenweise Radwanderwegweiser, teilweise mit Kilometerangaben

⊼   zahlreiche Bänke in z.T. kurzen Abständen entlang des Weges, mehrere schöne Rastmöglichkeiten, auch direkt am Sandstrand der Elbe, z.B. bei Bassenfleth (km 7)

✕   zahlreiche Einkehrmöglichkeiten in Stade, Kaffeeklappe (km 8,4), Fährhaus Twielenfleth (km 8,8), Kiosk Fähranleger Lühesand (km 10,8), am Ziel diverse Imbisse

≋   Freibad Hollern-Twielenfleth (km 8,9)

👫   Spielmöglichkeiten für Kinder an den Sandstränden, Bademöglichkeit während des Sommers im Freibad Hollern-Twielenfleth

🐾 Wer seinen Hund nicht aus der Elbe trinken lassen will, sollte Wasser und ein Trinkgefäß mitnehmen.

🚌 Haltestelle Twielenfleth/Denkmal (km 8,4): Linie 2357 nach Stade oder HH-Cranz; am Ziel Linie 2357 nach Stade oder HH-Cranz

🚆 am Start S-Bahn S3 Richtung Hamburg

⛴ am Ziel Lühe-Schulau-Fähre

🅿 gebührenpflichtiges Parkhaus am Bahnhof Stade

✋ *Der Wanderweg führt an sehr schönen Sandstränden der Elbe vorbei. Wegen erheblicher Gefahr durch Sog und Wellenschlag, verursacht von vorbeifahrenden Schiffen, und die Gezeitenströmung und aufgrund fehlender Badeaufsicht wird von offizieller Stelle allerdings vom Baden abgeraten.*

☺ *Wer noch Lust und genügend Energie hat, kann vom Ziel direkt weiter bis Horneburg wandern (☞ Tour 17). Beide Strecken zusammen sind 27,9 km lang.*

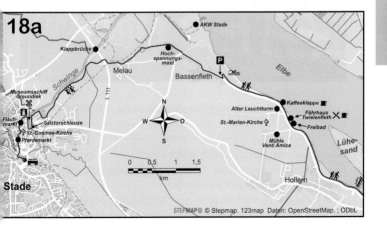

Stade

Die Hansestadt Stade mit etwa 45.000 Einwohnern liegt am Südufer der Unterelbe, etwa 30 km Luftlinie westlich von Hamburg. Sie ist eine der ältesten Städte Nordeuropas, bereits vor mehr als 1.200 Jahren begann die Besiedlung in der heutigen Altstadt. Stades Altstadt mit ihren vielen Fachwerkhäusern und dem historischen Hansehafen gehört zu den schönsten in Deutschland.

Prächtige Fassaden am alten Stader Hafen

Die meisten Gebäude stammen aus dem 17. Jh., z.B. das sehenswerte historische Rathaus. Der Vorgängerbau wurde beim großen Brand 1659 bis auf das Kellergewölbe mit dem damaligen Weinkeller und der Schänke zerstört, wenige Jahre später aber darüber wieder aufgebaut. Noch heute befindet sich der Ratskeller, ein empfehlenswertes Restaurant, in dem ehemaligen Kellergewölbe. Er gehört damit zu den ältesten Ratskellern Deutschlands. In den 1980er-Jahren bekam das historische Rathaus einen modernen Anbau, sodass es heute noch immer als Sitz der Verwaltung genutzt werden kann.

Zwei Innenstadtkirchen sind in Stade zu finden: die Kirche St. Cosmae et Damiani (von den Stadern meist nur St. Cosmae genannt) und die St.-Wilhadi-Kirche. Beide Kirchen sind von kulturhistorisch großer Bedeutung, weil sie berühmte Orgeln haben. St. Cosmae ist mit einer von Huß und Schnitker gebauten Orgel augestattet und St. Wilhadi besitzt eine von Erasmus Bielefeldt am Ende des 18. Jh. erbaute Orgel. Alle drei waren berühmte Orgelbaumeister.

Am Pferdemarkt befindet sich das Zeughaus, das Ende des 17. Jh. als Waffenarsenal errichtet wurde. Erwähnenswert ist auch der Alte Hansehafen, der einst bedeutendster Hafen der Region war. Im Südwesten des Hafens befindet sich der Fischmarkt. Hier steht der „Alte Kran", der in den 1970er-Jahren nach Lüneburger Vorbild gebaut wurde, nachdem der ursprüngliche Tretkran im Jahre 1898 abgerissen worden war. Im historischen Holzkran befindet sich ein Informationszentrum, in dem man sich z.B. über die Geschichte des Stader Hafens informieren kann. Am östlichen Ende des Hansehafens befindet sich der Schwedenspeicher, in dem heute ein Museum untergebracht ist, das sich auf die Ereignisse der letzten 1.000 Jahre in der Region spezialisiert hat.

🛈   Tourist-Information am Hafen, Hansestraße 16, 21682 Stade, ☏ 041 41/40 91 70, 🖳 www.stade-tourismus.de, 🕔 April bis Sep: Mo bis Fr 10:00-18:00, Sa, So und Fei nur bis 15:00, Okt bis März: Mo bis Fr 10:00-18:00 Uhr, Sa 10:00-15:00

⌘   Schwedenspeicher, Wasser West 39, 21682 Stade, ☏ 041 41/79 77 30, 🖳 www.museen-stade.de/schwedenspeicher, 🕔 Di bis Fr 10:00-17:00 und Sa und So 10:00-18:00, Eintritt: Erwachsene € 6, Kinder bis 18 Jahre frei

◆   Informationszentrum Stader Hafengeschichte, 🕔 täglich 10:00-18:00, Eintritt frei

Sie beginnen die Wanderung am Bahnhof und gehen entlang der Straße Am Bahnhof nach links bis zur Bahnhofstraße, wo Sie rechts gehen und auf einer Brücke die Schwinge überqueren.

Schwinge

Die Schwinge ist knapp 30 km lang und entspringt im Hohen Moor in der Stader Geest. Die Stader Schwingewiesen sowie Teile des Oberlaufs stehen wegen des großen Artenreichtums unter Landschaftsschutz. In der Stadt wird der Oberlauf vom Unterlauf mithilfe eines

Siels (ein verschließbarer Gewässerdurchlass durch einen Deich) an der Salztorschleuse getrennt. Ab hier bis zur Mündung in die Unterelbe ist die Schwinge Tidefluss.

Sie gehen weiter, überqueren die Wallstraße und gelangen dahinter in die Fußgängerzone mit zahlreichen Geschäften, Cafés und Restaurants. Am Pferdemarkt (Mi und Sa Wochenmarkt) gehen Sie vor dem sehenswerten Zeughaus nach rechts. Auch ein Blick auf das rechts liegende, schöne Backsteingebäude der Post lohnt sich. Hinter dem Zeughaus gehen Sie rechts an schönen alten Fachwerkhäusern vorbei und biegen am Ende links ab in die Hökerstraße.

Die Kirche St. Cosmae et Damiani in Stade

Am historischen Rathaus mit dem Ratskeller und der Kirche St. Cosmae vorbei folgen Sie der Straße bis zum Fischmarkt - ein wundervoller Platz am alten Hansehafen, flankiert von sehenswerten Fachwerkhäusern. Zahlreiche Cafés und Restaurants locken mit Getränken und Speisen. Hier befinden Sie sich mitten im Zentrum der Altstadt.

Am alten Hafenbecken wenden Sie sich nach rechts. Besondere Aufmerksamkeit verdienen die wunderbaren Häuser auf der anderen Seite des Beckens. Vorbei am Schwedenspeicher und dem Museum im Baumhaus verlassen Sie die Altstadt und die Fußgängerzone, überqueren die Straße und stehen vor dem Stadthafen mit dem Museumsschiff Greundiek.

⌘ Museumsschiff Greundiek

Das Küstenmotorschiff „Greundiek", gebaut im Jahre 1950, liegt seit 1994 als Museumsschiff im Stadthafen. Im Sommerhalbjahr werden mit dem seetüchtigen Schiff Touristenfahrten auf der Elbe unternommen. Die Greundiek ist eines der ersten Schiffe, das nach dem Zweiten Weltkrieg in Deutschland gebaut wurde, und diente u.a. als Ausbildungsstätte für Schiffsmechaniker.

◆ Museumsschiff Greundiek, ☎ 041 41/839 32, 🕐 nach Vereinbarung, Eintritt frei
  bzw. gegen Spende

Nach knapp 50 m links finden Sie die Tourist-Information. Sie gehen hier rechts und am Ende des Hafenbeckens links. Dort überqueren Sie auf der Salztorschleuse die Schwinge und gehen dahinter gleich wieder links. Sie wandern unter dem historischen Kran hindurch und erreichen am Ende des Hafens an einem technischen Denkmal, einer Slip-Winsch-Anlage, die Schwinge. Hier gehen Sie links unter den Vorbauten zweier moderner Häuser her. Bei der nächsten Möglichkeit halten Sie sich rechts, gehen an dem Kreisverkehr weiter geradeaus, folgen der Straße bis zu ihrem Ende, gehen dort links und steigen dann hinauf auf den Schwingedeich.

Die nächsten 3,3 km wandern Sie auf oder neben dem Deich der Schwinge, die zunächst noch nahe am Deich verläuft. Sie passieren einen kleinen Gewerbepark; rechts breitet sich schon die erste große Obstplantage aus.

Die L111, die links zu einer Klappbrücke über die Schwinge führt, unterqueren Sie. Sie folgen weiter dem Deich und gelangen in den Weiler Melau. An einem Teich vorbei erreichen Sie Bassenfleth, einen Ortsteil von Hollern-Twielenfleth.

An einem großen Hochspannungsmast endet der Deich und wenig später erreichen Sie eine Straßenkreuzung. Links geht es zum stillgelegten Atomkraftwerk Stade.

AKW Stade

Das Kernkraftwerk Stade wurde vor mehr als 10 Jahren stillgelegt und befindet sich z.Z. im Rückbau (Phase 4 von 5). In den Jahren von der Indienststellung 1972 bis zur Stilllegung erzeugte es mehr als 145.000 GWh Strom.

   Sie gehen an der Kreuzung weiter geradeaus, bis Sie gleich hinter einer Bushaltestelle an einen großen Parkplatz kommen. Auf der anderen Seite des Parkplatzes steigen Sie über Stufen hinauf auf den Deich, von wo Sie einen guten Überblick auf die Landschaft mit den riesigen Obstplantagen haben. Nach Nordwesten fällt der Blick auf das stillgelegte AKW.

☺   Vom elbseitigen Deichfuß führt ein Schotterweg an einen wunderschönen breiten Sandstrand, der von einem Spiegel-Online-Korrespondenten sogar zum „schönsten Strand der Welt" gekürt wurde.

Vom Elbdeich hat man eine gute Aussicht

   Sie wandern weiter elbaufwärts, entweder auf der Deichkrone, von wo Sie den besten Überblick haben, oder am Deichfuß, bis Sie an den ehemaligen Anleger Twielenfleth kommen, auf dem jetzt ein kleines Café, die Kaffeeklappe, steht (⎙ Ostern bis Mitte Okt). Voraus sehen Sie die Elbinsel Lühesand und nach Süden hin die St.-Marien-Kirche und die Mühle Venti Amica. Und direkt unterhalb des Deiches steht ein alter Leuchtturm, dessen Funktion inzwischen ein moderner Radarturm übernommen hat.

Nur wenig später kommen Sie zum Fährhaus Twielenfleth und passieren gleich dahinter das Freibad.

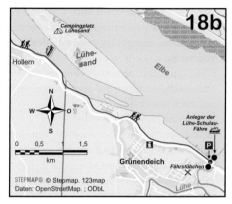

✕ 🍴 Restaurant/Café Fährhaus Twielenfleth, Am Deich 43, 21723 Hollern-Twielenfleth, ☎ 041 41/79 25 26, 💻 www.faehrhaus-twielenfleth.de, 🗓 April bis Sep täglich 12:00-22:00, Okt bis April Di bis So 12:00-21:00

🏊 Freibad Hollern-Twielenfleth, Am Deich 41, 21723 Hollern-Twielenfleth, ☎ 041 41/768 81, 041 42/89 90 (Samtgemeinde Lühe), 💻 www.ffht.de. 🗓 Das Freibad hat nur im Sommerhalbjahr geöffnet, aktuelle Zeiten im Internet.

Vorbei an einer Skateranlage und einem Bolzplatz erreichen Sie den kleinen Anleger der Fähre nach Lühesand. Auf der anderen Seite des Deiches finden Sie am Parkplatz einen Kiosk.

Fähranleger auf Lühesand

Lühesand

Lühesand ist eine etwa 124 ha große, lang gestreckte Elbinsel, die schon von Weitem an den beiden großen Hochspannungsmasten zu erkennen ist. Auf der Insel, die mit einer

winzigen Fähre erreicht werden kann, stehen einige Wochenendhäuser und es gibt einen beliebten Campingplatz. Der südöstliche Teil ist Landschaftsschutzgebiet, er ist ein idealer Rückzugsort für zahlreiche Vogelarten.

Sie wandern weiter auf dem Deich elbaufwärts, umgehen eine Werft und erreichen Grünendeich.

Grünendeich

Mit einer Fläche von 3,93 km³ und etwa 1.880 Einwohnern ist Grünendeich eine der kleineren Gemeinden im Landkreis Stade. Sie ist Teil der Samtgemeinde Lühe, der mit Guderhandviertel, Hollern-Twielenfleth, Mittelnkirchen, Neuenkirchen und Steinkirchen noch fünf andere Gemeinden angehören.

ℹ️ Tourist-Info Haus der Maritimen Landschaft Unterelbe, Kirchenstieg 30, 21720
   Grünendeich, ☎ 041 42/88 94 10, 🖥 www.maritime-elbe.de, 🕐 April bis Okt:
   Do und Fr 11:00-16:00, Sa und So 11:00-17:00, März und Nov: Do und So
   11:00-16:00, Dez bis Feb: geschlossen

Sie bleiben auf dem Deich und haben einen schönen Blick auf den Ort. Voraus auf der anderen Seite der Elbe sind die beiden Schornsteine des Wedeler Kraftwerkes (☞ Tour 7) zu erkennen. Die Wanderung endet an dem großen Parkplatz am Lühe-Anleger. Verschiedenste Verkaufswagen sorgen für Ihr leibliches Wohl und die zahlreichen Bänke im weiträumigen Gelände laden zu einer ausgiebigen Rast ein.

Lühe-Anleger

Vom Lühe-Anleger verkehrt die Lühe-Schulau-Fähre nach Wedel. Der große Parkplatz am Anleger ist ein beliebter Treffpunkt, vor allem für Motorradfahrer. Aber auch Spaziergänger, Radfahrer und Schiffsfreunde tummeln sich hier an schönen Tagen in großer Zahl. Man hat einen sehr guten Blick auf die vorbeifahrenden Kutter, Segelschiffe und Ozean-Riesen und gleichzeitig ein vielfältiges Angebot an Speisen und Getränken. Von vielen wird der Anleger in Anlehnung an die nordamerikanische Stadt Los Angeles kurz LA genannt.

Buchtipps aus dem Conrad Stein Verlag

Weitere OutdoorHandbücher mit Tages- und Wochenend-
touren aus der Reihe „Regional":

- Lüneburger Heide
- Eifel
- Taunus und Rheingau
- Rosenheimer Land
- Schwäbische Alb
- Gardasee
- Liparische Inseln

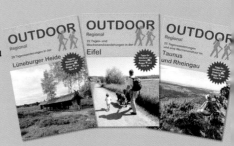

Wandern mit Kind

Kerstin Micklitza
OutdoorHandbuch Band 15
Basiswissen für draußen
91 Seiten ▸ 32 farbige Abbildungen
13 farbige Illustrationen

ISBN 978-3-86686-015-5

>> **Outdoor:** *„Draußen sein, toben, spielen, aber auch wan-
dern - ein Kindertraum. Wie man ihn am besten verwirklicht,
erklärt kurz und prägnant die Autorin Kerstin Micklitza."*

Trekking mit Hund

Heiko Kühr
OutdoorHandbuch Band 143
Basiswissen für draußen
171 Seiten ▸ 33 farbige Abbildungen
2 Skizzen

ISBN 978-3-86686-143-5

>> **WDR 5 Leonardo:** *„Die vielen Infos des kleinen
Paperbacks sind ausführlich und sorgfältig zusammengestellt. Vor allem aber spricht aus jeder Zeile Knowhow und
viel Liebe und Respekt für den vierbeinigen Begleiter."*